DELICIOSAS RECETAS AL HORNO
2021

RECETAS SABROSAS FÁCILES DE HACER

PARA PRINCIPIANTES

(INCLUYE RECETAS DE PAN Y CROISSANT)

FRANCISCA RUIZ

Tabla de contenido

Pan de centeno bávaro

Rinde dos panes de 450 g / 1 lb

Para la masa madre:

150 g / 5 oz / 1¼ tazas de harina de centeno

5 ml / 1 cucharadita de levadura seca

150 ml / ¼ pt / 2/3 taza de agua tibia

Para el pan:

550 g / 1¼ lb / 5 tazas de harina integral (integral)

50 g / 2 oz / ½ taza de harina de centeno

5 ml / 1 cucharadita de sal

25 g / 1 oz de levadura fresca o 40 ml / 2½ cucharadas de levadura seca

350 ml / 12 fl oz / 1½ tazas de agua tibia

30 ml / 2 cucharadas de semillas de alcaravea

Un poco de harina mezclada con agua hasta formar una pasta.

Para hacer la masa madre, mezcle la harina de centeno, la levadura y el agua hasta que quede transparente. Tapar y dejar toda la noche.

Para hacer el pan, mezcle las harinas y la sal. Mezclar la levadura con el agua tibia y agregar a las harinas con la masa madre. Agregue la mitad de las semillas de alcaravea y mezcle hasta obtener una masa. Amasar bien hasta que quede elástico y ya no esté pegajoso. Coloque en un recipiente engrasado, cubra con film transparente aceitado (envoltura de plástico) y déjelo en un lugar cálido durante unos 30 minutos hasta que duplique su tamaño.

Amasar nuevamente, formar dos panes de 450 g / 1 lb y colocar en una bandeja para hornear engrasada (para galletas). Unte con la pasta de harina y agua y espolvoree con las semillas de alcaravea restantes. Cubrir con film transparente aceitado y dejar reposar durante 30 minutos.

Hornee en un horno precalentado a 230 ° C / 450 ° F / marca de gas 8 durante 30 minutos hasta que se dore oscuro y suene hueco cuando se golpee la base.

Pan de centeno claro

Rinde una barra de 675 g / 1½ lb

15 g / ½ oz de levadura fresca o 20 ml / 4 cucharaditas de levadura seca

5 ml / 1 cucharadita de azúcar en polvo (superfina)

150 ml / ¼ pt / 2/3 taza de agua tibia

225 g / 8 oz / 2 tazas de harina de centeno

400 g / 14 oz / 3½ tazas de harina común (para pan) fuerte

10 ml / 2 cucharaditas de sal

300 ml / ½ pt / 1¼ tazas de leche tibia

1 yema de huevo batida

5 ml / 1 cucharadita de semillas de amapola

Licuar la levadura con el azúcar y el agua y dejar en un lugar cálido hasta que esté espumoso. Mezclar las harinas y la sal y hacer un hueco en el centro. Agregue la mezcla de leche y levadura y mezcle hasta obtener una masa firme. Amasar sobre una superficie ligeramente enharinada hasta que quede suave y elástica. Coloque en un recipiente engrasado, cubra con film transparente aceitado (envoltura de plástico) y déjelo en un lugar cálido durante aproximadamente 1 hora hasta que duplique su tamaño.

Vuelva a amasar ligeramente, luego forme una barra larga y colóquela en una bandeja para hornear engrasada (para galletas). Cubrir con film transparente aceitado y dejar reposar durante 30 minutos.

Unte con yema de huevo y espolvoree con semillas de amapola. Hornee en un horno precalentado a 200 ° C / 400 ° F / marca de gas 6 durante 20 minutos. Reduzca la temperatura del horno a 190 ° C / 375 ° F / marca de gas 5 y hornee por 15 minutos más hasta que el pan suene hueco cuando lo golpee en la base.

Pan de centeno con germen de trigo

Rinde una barra de 450 g / 1 lb

15 g / ½ oz de levadura fresca o 20 ml / 4 cucharaditas de levadura seca

5 ml / 1 cucharadita de azúcar

450 ml / ¾ pt / 2 tazas de agua tibia

350 g / 12 oz / 3 tazas de harina de centeno

225 g / 8 oz / 2 tazas de harina común (para todo uso)

50 g / 2 oz / ½ taza de germen de trigo

10 ml / 2 cucharaditas de sal

45 ml / 3 cucharadas de melaza negra (melaza)

15 ml / 1 cucharada de aceite

Licúa la levadura con el azúcar y un poco de agua tibia, luego déjala en un lugar tibio hasta que esté espumosa. Mezclar las harinas, el germen de trigo y la sal y hacer un hueco en el centro. Incorpora la mezcla de levadura con la melaza y el aceite y mezcla hasta obtener una masa suave. Coloque sobre una superficie enharinada y amase durante 10 minutos hasta que quede suave y elástica, o procese en un procesador de alimentos. Coloque en un recipiente engrasado, cubra con film transparente aceitado (envoltura de plástico) y déjelo en un lugar cálido durante aproximadamente 1 hora hasta que duplique su tamaño.

Amasar nuevamente, luego formar una hogaza y colocar en una bandeja para hornear engrasada (para galletas). Cubrir con film transparente engrasado y dejar levar hasta que duplique su tamaño.

Hornee en horno precalentado a 220 ° C / 425 ° F / marca de gas 7 durante 15 minutos. Reduzca la temperatura del horno a 190 ° C / 375 ° F / marca de gas 5 y hornee por 40 minutos más hasta que el pan suene hueco cuando lo golpee en la base.

Pan de Samos

Rinde tres panes de 450 g / 1 lb

15 g / ½ oz de levadura fresca o 20 ml / 4 cucharaditas de levadura seca

15 ml / 1 cucharada de extracto de malta

600 ml / 1 pt / 2½ tazas de agua tibia

25 g / 1 oz / 2 cucharadas de grasa vegetal (manteca)

900 g / 2 lb / 8 tazas de harina integral (integral)

30 ml / 2 cucharadas de leche en polvo (leche desnatada en polvo)

10 ml / 2 cucharaditas de sal

15 ml / 1 cucharada de miel clara

50 g / 2 oz / ½ taza de semillas de sésamo, tostadas

25 g / 1 oz / ¼ taza de semillas de girasol, tostadas

Licuar la levadura con el extracto de malta y un poco de agua tibia y dejar en un lugar tibio por 10 minutos hasta que esté espumoso. Frote la grasa con la harina y la leche en polvo, luego agregue la sal y haga un hueco en el centro. Vierta la mezcla de levadura, el agua tibia restante y la miel y mezcle hasta formar una masa. Amasar bien hasta que quede suave y elástico. Agregue las semillas y amase durante 5 minutos más hasta que esté bien mezclado. Forme tres panes de 450 g / 1 lb y colóquelos en una bandeja para hornear engrasada (para galletas). Cubrir con film transparente aceitado (envoltura de plástico) y dejar en un lugar cálido durante 40 minutos hasta que duplique su tamaño.

Hornee en un horno precalentado a 230 ° F / 450 ° F / marca de gas 8 durante 30 minutos hasta que se doren y suenen huecos al golpear la base.

Baps de sésamo

Hace 12

25 g / 1 oz de levadura fresca o 40 ml / 2½ cucharadas de levadura seca

5 ml / 1 cucharadita de azúcar en polvo (superfina)

150 ml / ¼ pt / 2/3 taza de leche tibia

450 g / 1 lb / 4 tazas de harina común (para pan) fuerte

5 ml / 1 cucharadita de sal

25 g / 1 oz / 2 cucharadas de manteca de cerdo (manteca vegetal)

150 ml / ¼ pt / 2/3 taza de agua tibia

30 ml / 2 cucharadas de semillas de sésamo

Licuar la levadura con el azúcar y un poco de leche tibia y dejar en un lugar tibio hasta que esté espumoso. Mezclar la harina y la sal en un bol, untar la manteca y hacer un hueco en el centro. Vierta la mezcla de levadura, la leche restante y el agua y mezcle hasta obtener una masa suave. Coloque sobre una superficie enharinada y amase durante 10 minutos hasta que quede suave y elástica, o procese en un procesador de alimentos. Coloque en un recipiente engrasado, cubra con film transparente aceitado (envoltura de plástico) y déjelo en un lugar cálido durante aproximadamente 1 hora hasta que duplique su tamaño.

Amasar nuevamente y formar 12 rollos, aplanarlos un poco y colocarlos en una bandeja para hornear engrasada (para galletas). Cubrir con film transparente aceitado (film transparente) y dejar reposar en un lugar cálido durante 20 minutos.

Pincelar con agua, espolvorear con semillas y hornear en horno precalentado a 220 ° C / 425 ° F / marca de gas 7 durante 15 minutos hasta que estén doradas.

Entrante de masa madre

Rinde aproximadamente 450 g / 1 lb

450 ml / ¾ pt / 2 tazas de agua tibia

25 g / 1 oz de levadura fresca o 40 ml / 2½ cucharadas de levadura seca

225 g / 8 oz / 2 tazas de harina común (para todo uso)

2,5 ml / ½ cucharadita de sal

Alimentar:

225 g / 8 oz / 2 tazas de harina común (para todo uso)

450 ml / ¾ pt / 2 tazas de agua tibia

Mezclar los ingredientes principales en un bol, cubrir con muselina (estopilla) y dejar en un lugar cálido durante 24 horas. Agregue 50 g / 2 oz / ½ taza de harina común y 120 ml / 4 fl oz / ½ taza de agua tibia, cubra y deje reposar durante 24 horas más. Repita tres veces, momento en el cual la mezcla debe oler agria, luego transfiérala al refrigerador. Reemplace cualquier entrante que use con una mezcla igual de agua tibia y harina.

Pan de soda

Hace una barra de 20 cm / 8 pulgadas

450 g / 1 lb / 4 tazas de harina común (para todo uso)

10 ml / 2 cucharaditas de bicarbonato de sodio (bicarbonato de sodio)

10 ml / 2 cucharaditas de crémor tártaro

5 ml / 1 cucharadita de sal

25 g / 1 oz / 2 cucharadas de manteca de cerdo (manteca vegetal)

5 ml / 1 cucharadita de azúcar en polvo (superfina)

15 ml / 1 cucharada de jugo de limón

300 ml / ½ pt / 1¼ tazas de leche

Mezclar la harina, el bicarbonato de sodio, el crémor tártaro y la sal. Frote la manteca de cerdo hasta que la mezcla se asemeje a pan rallado. Agrega el azúcar. Mezcle el jugo de limón con la leche, luego revuélvalo con los ingredientes secos hasta obtener una masa suave. Amasar ligeramente, luego dar forma a la masa en una ronda de 20 cm / 8 pulgadas y aplanarla ligeramente. Colóquelo en una bandeja de horno enharinada y marque en cuartos con la hoja de un cuchillo. Hornee en un horno precalentado a 200 ° C / 400 ° F / marca de gas 6 durante unos 30 minutos hasta que esté crujiente en la parte superior. Dejar enfriar antes de servir.

Pan de masa fermentada

Rinde dos panes de 350 g / 12 oz

250 ml / 8 fl oz / 1 taza de agua tibia

15 ml / 1 cucharada de azúcar en polvo (superfina)

30 ml / 2 cucharadas de mantequilla o margarina derretida

15 ml / 1 cucharada de sal

250 ml / 8 fl oz / 1 taza de masa madre

2,5 ml / ½ cucharadita de bicarbonato de sodio (bicarbonato de sodio)

450 g / 1 lb / 4 tazas de harina común (para todo uso)

Mezcle el agua, el azúcar, la mantequilla o la margarina y la sal. Mezcle el iniciador de masa madre con el bicarbonato de sodio y revuelva en la mezcla, luego bata la harina para hacer una masa firme. Amasar la masa hasta que quede suave y satinada, agregando un poco más de harina si es necesario. Coloque en un recipiente engrasado, cubra con film transparente aceitado (envoltura de plástico) y déjelo en un lugar cálido durante aproximadamente 1 hora hasta que duplique su tamaño.

Amasar de nuevo ligeramente y formar dos panes. Coloque en una bandeja para hornear engrasada (para galletas), cubra con film transparente engrasado y deje reposar durante unos 40 minutos hasta que duplique su tamaño.

Hornee en un horno precalentado a 190 ° C / 375 ° F / marca de gas 5 durante unos 40 minutos hasta que se doren y suenen huecos al golpear la base.

Bollos de masa madre

Hace 12

50 g / 2 oz / ¼ taza de mantequilla o margarina

175 g / 6 oz / 1½ tazas de harina común (para todo uso)

5 ml / 1 cucharadita de sal

2,5 ml / ½ cucharadita de bicarbonato de sodio (bicarbonato de sodio)

250 ml / 8 fl oz / 1 taza de masa madre

Un poco de mantequilla derretida o margarina para glasear

Frote la mantequilla o la margarina en la harina y la sal hasta que la mezcla se parezca a pan rallado. Mezcle el bicarbonato de sodio en el entrante, luego revuélvalo con la harina para hacer una masa firme. Amasar hasta que quede suave y ya no esté pegajoso. Forme pequeños rollos y colóquelos bien separados en una bandeja para hornear engrasada (para galletas). Cepille la parte superior con mantequilla o margarina, cubra con film transparente aceitado (envoltura de plástico) y deje reposar durante aproximadamente 1 hora hasta que duplique su tamaño. Hornee en un horno precalentado a 220 ° C / 425 ° F / marca de gas 8 durante 15 minutos hasta que se doren.

Pan de Viena

Rinde una barra de 675 g / 1½ lb

15 g / ½ oz de levadura fresca o 20 ml / 4 cucharaditas de levadura seca

5 ml / 1 cucharadita de azúcar en polvo (superfina)

300 ml / ½ pt / 1¼ tazas de leche tibia

40 g / 1½ oz / 3 cucharadas de mantequilla o margarina

450 g / 1 lb / 4 tazas de harina común (para pan) fuerte

5 ml / 1 cucharadita de sal

1 huevo, bien batido

Licuar la levadura con el azúcar y un poco de leche tibia y dejar en un lugar tibio hasta que esté espumoso. Derretir la mantequilla o la margarina y agregar la leche restante. Mezcle la mezcla de levadura, la mezcla de mantequilla, la harina, la sal y el huevo para hacer una masa suave. Amasar hasta que quede suave y ya no esté pegajoso. Coloque en un recipiente engrasado, cubra con film transparente aceitado (envoltura de plástico) y déjelo en un lugar cálido durante aproximadamente 1 hora hasta que duplique su tamaño.

Amasar la masa nuevamente, luego formar una hogaza y colocar en una bandeja para hornear engrasada (para galletas). Cubrir con film transparente aceitado y dejar reposar en un lugar cálido durante 20 minutos.

Hornee en un horno precalentado a 230 ° C / 450 ° F / marca de gas 8 durante 25 minutos hasta que esté dorado y con un sonido hueco cuando se golpee la base.

Pan integral

Rinde dos panes de 450 g / 1 lb

15 g / ½ oz de levadura fresca o 20 ml / 4 cucharaditas de levadura seca

5 ml / 1 cucharadita de azúcar

300 ml / ½ pt / 1¼ tazas de agua tibia

550 g / 1¼ lb / 5 tazas de harina integral (integral)

5 ml / 1 cucharadita de sal

45 ml / 3 cucharadas de suero de leche

Semillas de sésamo o alcaravea para espolvorear (opcional)

Licúa la levadura con el azúcar y un poco de agua tibia y deja en un lugar tibio por 20 minutos hasta que esté espumosa. Coloque la harina y la sal en un bol y haga un hueco en el centro. Agregue la levadura, el agua restante y el suero de leche. Trabajar hasta obtener una masa firme que deje los lados del bol limpiamente, agregando un poco más de harina o agua si es necesario. Amasar sobre una superficie ligeramente enharinada o en un procesador hasta que quede elástico y ya no esté pegajoso. Forme la masa en dos moldes de pan (moldes) engrasados de 450 g / 1 lb, cubra con film transparente engrasado (envoltura de plástico) y deje reposar durante unos 45 minutos hasta que la masa haya subido justo por encima de la parte superior de los moldes.

Espolvoree con semillas de sésamo o alcaravea, si las usa. Hornee en un horno precalentado a 230 ° C / 450 ° F / marca de gas 8 durante 15 minutos, luego reduzca la temperatura del horno a 190 ° C / 375 ° F / marca de gas 5 y hornee por 25 minutos más hasta que esté dorado y hueco. -sonido cuando se golpea la base.

Pan de Miel Integral

Rinde una barra de 900 g / 2 lb

15 g / ½ oz de levadura fresca o 20 ml / 4 cucharaditas de levadura seca

450 ml / ¾ pt / 2 tazas de agua tibia

45 ml / 3 cucharadas de miel

50 g / 2 oz / ¼ taza de mantequilla o margarina

750 g / 1½ lb / 6 tazas de harina integral (integral)

2,5 ml / ½ cucharadita de sal

15 ml / 1 cucharada de semillas de sésamo

Licuar la levadura con un poco de agua y un poco de miel y dejar en un lugar cálido durante 20 minutos hasta que esté espumoso. Frote la mantequilla o la margarina en la harina y la sal, luego mezcle la mezcla de levadura y el resto del agua y la miel hasta obtener una masa suave. Amasar hasta que quede elástico y ya no esté pegajoso. Coloque en un recipiente engrasado, cubra con film transparente aceitado (envoltura de plástico) y déjelo en un lugar cálido durante aproximadamente 1 hora hasta que duplique su tamaño.

Amasar nuevamente y dar forma a un molde (molde) para pan engrasado de 900 g / 2 lb. Cubrir con film transparente engrasado y dejar reposar durante 20 minutos hasta que la masa salga por encima del molde.

Hornee en horno precalentado a 220 ° C / 425 ° F / marca de gas 7 durante 15 minutos. Reduzca la temperatura del horno a 190 ° C / 375 ° F / marca de gas 5 y hornee por 20 minutos más hasta que el pan esté dorado y suene hueco cuando se golpee la base.

Rollos Integrales Rápidos

Hace 12

20 ml / 4 cucharaditas de levadura seca

375 ml / 13 fl oz / 1½ tazas de agua tibia

50 g / 2 oz / ¼ taza de azúcar morena suave

100 g / 4 oz / 1 taza de harina integral (integral)

100 g / 4 oz / 1 taza de harina común (para todo uso)

5 ml / 1 cucharadita de sal

Licuar la levadura con el agua y un poco de azúcar y dejar en un lugar tibio hasta que esté espumoso. Agregue las harinas y la sal con el azúcar restante y mezcle hasta obtener una masa suave. Coloque la masa en moldes para muffins (moldes) y déjela reposar durante 20 minutos hasta que la masa haya subido a la parte superior de los moldes.

Hornee en un horno precalentado a 180 ° C / 350 ° F / marca de gas 4 durante 30 minutos hasta que esté bien levantado y dorado.

Pan Integral con Nueces

Rinde una barra de 900 g / 2 lb

15 g / ½ oz de levadura fresca o 20 ml / 4 cucharaditas de levadura seca

5 ml / 1 cucharadita de azúcar morena suave

450 ml / ¾ pt / 2 tazas de agua tibia

450 g / 1 lb / 4 tazas de harina integral (integral)

175 g / 6 oz / 1½ tazas de harina común (para pan) fuerte

5 ml / 1 cucharadita de sal

15 ml / 1 cucharada de aceite de nuez

100 g / 4 oz / 1 taza de nueces, picadas en trozos grandes

Licúa la levadura con el azúcar y un poco de agua tibia y deja en un lugar tibio por 20 minutos hasta que esté espumosa. Mezcle las harinas y la sal en un bol, agregue la mezcla de levadura, el aceite y el agua tibia restante y mezcle hasta obtener una masa firme. Amasar hasta que quede suave y ya no esté pegajoso. Coloque en un recipiente engrasado, cubra con film transparente aceitado (envoltura de plástico) y déjelo en un lugar cálido durante aproximadamente 1 hora hasta que duplique su tamaño.

Amasar de nuevo ligeramente y trabajar en las nueces, luego dar forma a un molde (molde) para pan engrasado de 900 g / 2 lb, cubrir con film transparente engrasado y dejar en un lugar cálido durante 30 minutos hasta que la masa haya subido por encima del borde del molde.

Hornee en un horno precalentado a 220 ° C / 425 ° F / marca de gas 7 durante 30 minutos hasta que se dore y suene hueco cuando se golpee la base.

Trenza de almendras

Rinde una barra de 450 g / 1 lb

15 g / ½ oz de levadura fresca o 20 ml / 4 cucharaditas de levadura seca

40 g / 1½ oz / 3 cucharadas de azúcar en polvo (superfina)

100 ml / 3½ fl oz / 6½ cucharadas de leche tibia

350 g / 12 oz / 3 tazas de harina común (para pan) fuerte

2,5 ml / ½ cucharadita de sal

50 g / 2 oz / ¼ taza de mantequilla o margarina, derretida

1 huevo

Para el relleno y glaseado:

50 g / 2 oz de pasta de almendras

45 ml / 3 cucharadas de mermelada de albaricoque (conservar)

50 g / 2 oz / 1/3 taza de pasas

50 g / 2 oz / ½ taza de almendras picadas

1 yema de huevo

Licuar la levadura con 5 ml / 1 cucharadita de azúcar y un poco de leche y dejar en un lugar cálido durante 20 minutos hasta que esté espumoso. Mezclar la harina y la sal en un bol y hacer un hueco en el centro. Mezcle la mezcla de levadura, el azúcar y la leche restantes, la mantequilla o margarina derretida y el huevo y mezcle hasta obtener una masa suave. Amasar hasta que quede elástico y ya no esté pegajoso. Coloque en un recipiente engrasado, cubra con film transparente aceitado (envoltura de plástico) y déjelo en un lugar cálido durante aproximadamente 1 hora hasta que duplique su tamaño.

Extienda la masa sobre una superficie ligeramente enharinada a un rectángulo de 30 x 40 cm / 12 x 16 pulgadas. Mezcle los ingredientes del relleno excepto la yema de huevo y trabaje hasta que quede suave, luego extienda por el centro un tercio de la masa.

Corta las dos terceras partes de la masa desde los bordes en un ángulo hacia el relleno a unos 2 cm / ¾ en intervalos. Doble tiras alternas izquierda y derecha sobre el relleno y selle los extremos juntos firmemente. Coloque en una bandeja para hornear engrasada (para galletas), cubra y deje en un lugar cálido durante 30 minutos hasta que duplique su tamaño. Unte con yema de huevo y hornee en un horno precalentado a 190 ° C / 375 ° F / marca de gas 5 durante 30 minutos hasta que se dore.

Brioches

Hace 12

15 g / ½ oz de levadura fresca o 20 ml / 4 cucharaditas de levadura seca

30 ml / 2 cucharadas de agua tibia

2 huevos, ligeramente batidos

225 g / 8 oz / 2 tazas de harina común (para pan) fuerte

15 ml / 1 cucharada de azúcar en polvo (superfina)

2,5 ml / ½ cucharadita de sal

50 g / 2 oz / ¼ taza de mantequilla o margarina, derretida

Mezcle la levadura, el agua y los huevos, luego agregue la harina, el azúcar, la sal y la mantequilla o la margarina y mezcle hasta obtener una masa suave. Amasar hasta que quede elástico y ya no esté pegajoso. Coloque en un recipiente engrasado, cubra y deje en un lugar cálido durante aproximadamente 1 hora hasta que duplique su tamaño.

Amasar de nuevo, dividir en 12 piezas, luego romper una pequeña bola de cada pieza. Forme bolitas con los trozos más grandes y colóquelos en moldes (moldes) para panecillos o brioche estriados de 7,5 cm / 3. Presione con un dedo a través de la masa, luego presione las bolas restantes de masa en la parte superior. Cubra y deje en un lugar cálido durante unos 30 minutos hasta que la masa haya llegado justo por encima de la parte superior de las latas.

Hornee en horno precalentado a 230 ° C / 450 ° F / marca de gas 8 durante 10 minutos hasta que esté dorado.

Brioche trenzado

Rinde una barra de 675 g / 1½ lb

25 g / 1 oz de levadura fresca o 40 ml / 2½ cucharadas de levadura seca

5 ml / 1 cucharadita de azúcar en polvo (superfina)

250 ml / 8 fl oz / 1 taza de leche tibia

675 g / 1½ lb / 6 tazas de harina común (para pan) fuerte

5 ml / 1 cucharadita de sal

1 huevo batido

150 ml / ¼ pt / 2/3 taza de agua tibia

1 yema de huevo

Licuar la levadura con el azúcar con un poco de leche tibia y dejar en un lugar tibio por 20 minutos hasta que esté espumoso. Mezclar la harina y la sal y hacer un hueco en el centro. Agregue el huevo, la mezcla de levadura, la leche tibia restante y suficiente agua tibia para mezclar hasta obtener una masa suave. Amasar hasta que esté suave y ya no esté pegajoso. Coloque en un recipiente engrasado, cubra con film transparente aceitado (envoltura de plástico) y déjelo en un lugar cálido durante aproximadamente 1 hora hasta que duplique su tamaño.

Amasar la masa ligeramente, luego dividir en cuartos. Enrolle tres piezas en tiras delgadas de unos 38 cm de largo. Humedece un extremo de cada tira y presiónalas juntas, luego trenza las tiras juntas, humedece y sujeta los extremos. Coloque en una bandeja para hornear engrasada (para galletas). Dividir el trozo de masa restante en tres, extender en tiras de 38 cm / 15 y trenzar de la misma manera para hacer una trenza más fina. Batir la yema de huevo con 15 ml / 1 cucharada de agua y cepillar sobre la trenza grande. Presione suavemente la trenza más pequeña en la parte superior y cepille con el glaseado de huevo. Tapar y dejar reposar en un lugar cálido durante 40 minutos.

Hornee en un horno precalentado a 200 ° C / 400 ° F / marca de gas 6 durante 45 minutos hasta que se doren y suenen huecos al golpear la base.

Brioches de manzana

Hace 12

Para la masa:

15 g / ½ oz de levadura fresca o 10 ml / 2 cucharaditas de levadura seca

75 ml / 5 cucharadas de leche tibia

100 g / 4 oz / 1 taza de harina integral (integral)

350 g / 12 oz / 3 tazas de harina común (para pan) fuerte

30 ml / 2 cucharadas de miel clara

4 huevos

Una pizca de sal

200 g / 7 oz / escasa 1 taza de mantequilla o margarina, derretida

Para el llenado:

75 g / 3 oz de puré de manzana (salsa)

25 g / 1 oz / ¼ taza de pan rallado integral (integral)

25 g / 3 oz / ½ taza de pasas sultanas (pasas doradas)

2,5 ml / ½ cucharadita de canela molida

1 huevo batido

Para hacer la masa, licúa la levadura con la leche tibia y la harina integral y déjala fermentar en un lugar cálido durante 20 minutos. Agrega la harina común, la miel, los huevos y la sal y amasa bien. Vierta la mantequilla o margarina derretida y continúe amasando hasta que la masa esté elástica y suave. Coloque en un recipiente engrasado, cubra con film transparente aceitado (envoltura de plástico) y déjelo en un lugar cálido durante aproximadamente 1 hora hasta que duplique su tamaño.

Mezcle todos los ingredientes del relleno excepto el huevo. Forme la masa en 12 piezas, luego retire un tercio de cada pieza. Dale forma a las piezas más grandes para que quepan en moldes

(moldes) para panecillos o brioche estriados engrasados. Presione un agujero grande casi hasta la base con un dedo o con el mango de un tenedor y llénelo con el relleno. Forme una bola con cada uno de los trozos de masa más pequeños, humedezca la parte superior de la masa y presione sobre el relleno para sellarlo en el brioche. Cubra y deje en un lugar cálido durante 40 minutos hasta que casi duplique su tamaño.

Unte con huevo batido y hornee en horno precalentado a 220 ° C / 425 ° F / marca de gas 7 durante 15 minutos hasta que esté dorado.

Brioches de tofu y nueces

Hace 12

Para la masa:

15 g / ½ oz de levadura fresca o 20 ml / 4 cucharaditas de levadura seca

75 ml / 5 cucharadas de leche tibia

100 g / 4 oz / 1 taza de harina integral (integral)

350 g / 12 oz / 3 tazas de harina común (para pan) fuerte

30 ml / 2 cucharaditas de miel clara

4 huevos

Una pizca de sal

200 g / 7 oz / escasa 1 taza de mantequilla o margarina, derretida

Para el llenado:

50 g / 2 oz / ¼ taza de tofu, cortado en cubitos

25 g / 1 oz / ¼ taza de anacardos, tostados y picados

25 g / 1 oz de verduras mixtas picadas

½ cebolla picada

1 diente de ajo picado

2,5 ml / ½ cucharadita de hierbas mixtas secas

2,5 ml / ½ cucharadita de mostaza francesa

1 huevo batido

Para hacer la masa, licúa la levadura con la leche tibia y la harina integral y déjala fermentar en un lugar cálido durante 20 minutos. Agrega la harina común, la miel, los huevos y la sal y amasa bien. Vierta la mantequilla o margarina derretida y continúe amasando hasta que la masa esté elástica y suave. Coloque en un recipiente engrasado, cubra con film transparente aceitado (envoltura de plástico) y déjelo en un lugar cálido durante aproximadamente 1 hora hasta que duplique su tamaño.

Mezcle todos los ingredientes del relleno excepto el huevo. Forme la masa en 12 piezas, luego retire un tercio de cada pieza. Dale forma a las piezas más grandes para que quepan en moldes (moldes) para panecillos o brioche estriados engrasados. Presione un agujero grande casi hasta la base con un dedo o con el mango de un tenedor y llénelo con el relleno. Forme una bola con cada uno de los trozos de masa más pequeños, humedezca la parte superior de la masa y presione sobre el relleno para sellarlo en el brioche. Cubra y deje en un lugar cálido durante 40 minutos hasta que casi duplique su tamaño.

Unte con huevo batido y hornee en horno precalentado a 220 ° C / 425 ° F / marca de gas 7 durante 15 minutos hasta que esté dorado.

Bollos de Chelsea

Rinde 9

225 g / 8 oz / 2 tazas de harina común (para pan) fuerte

5 ml / 1 cucharadita de azúcar en polvo (superfina)

15 g / ½ oz de levadura fresca o 20 ml / 4 cucharaditas de levadura seca

120 ml / 4 fl oz / ½ taza de leche tibia

Una pizca de sal

15 g / ½ oz / 1 cucharada de mantequilla o margarina

1 huevo batido

Para el llenado:

75 g / 3 oz / ½ taza de frutos secos mixtos (mezcla para pastel de frutas)

25 g / 1 oz / 3 cucharadas de cáscara mezclada (confitada) picada

50 g / 2 oz / ¼ taza de azúcar morena suave

Un poco de miel clara para glasear

Mezclar 50 g / 2 oz / ¼ de taza de harina, el azúcar en polvo, la levadura y un poco de leche y dejar en un lugar cálido durante 20 minutos hasta que esté espumoso. Mezcle la harina restante y la sal y frote la mantequilla o margarina. Mezcle el huevo, la mezcla de levadura y la leche tibia restante y mezcle hasta formar una masa. Amasar hasta que quede elástico y ya no esté pegajoso. Coloque en un recipiente engrasado, cubra con film transparente aceitado (envoltura de plástico) y déjelo en un lugar cálido durante aproximadamente 1 hora hasta que duplique su tamaño.

Amasar nuevamente y extender a un rectángulo de 33 x 23 cm / 13 x 9. Mezclar todos los ingredientes del relleno excepto la miel y esparcir por la masa. Enrolle por un lado largo y selle el borde con un poco de agua. Corte el rollo en nueve trozos del mismo tamaño y colóquelo en un molde para hornear (molde) ligeramente engrasado. Cubra y deje en un lugar cálido durante 30 minutos hasta que duplique su tamaño.

Hornee en un horno precalentado a 190 ° C / 375 ° F / marca de gas 5 durante 25 minutos hasta que se doren. Retirar del horno y untar con miel, luego dejar enfriar.

Bollos de café

Rinde 16

225 g / 8 oz / 1 taza de mantequilla o margarina

450 g / 1 lb / 4 tazas de harina integral (integral)

20 ml / 4 cucharaditas de polvo de hornear

5 ml / 1 cucharadita de sal

225 g / 8 oz / 1 taza de azúcar morena suave

2 huevos, ligeramente batidos

100 g / 4 oz / 2/3 taza de grosellas

5 ml / 1 cucharadita de café instantáneo en polvo

15 ml / 1 cucharada de agua caliente

75 ml / 5 cucharadas de miel clara

Frote la mantequilla o la margarina en la harina, el polvo de hornear y la sal hasta que la mezcla parezca pan rallado. Agrega el azúcar. Batir los huevos para hacer una masa suave pero no pegajosa, luego mezclar con las grosellas. Disuelva el café en polvo en el agua caliente y agréguelo a la masa. Forme 16 bolas aplanadas y colóquelas, bien separadas, en una bandeja para hornear engrasada (para galletas). Presione un dedo en el centro de cada pan y agregue una cucharadita de miel. Hornee en un horno precalentado a 220 ° C / 425 ° F / marca de gas 7 durante 10 minutos hasta que esté claro y dorado.

Pan Crème Fraîche

Rinde dos panes de 450 g / 1 lb

25 g / 1 oz de levadura fresca o 40 ml / 2½ cucharadas de levadura seca

75 g / 3 oz / 1/3 taza de azúcar morena suave

60 ml / 4 cucharadas de agua tibia

60 ml / 4 cucharadas de crema fresca, a temperatura ambiente

350 g / 12 oz / 3 tazas de harina común (para todo uso)

5 ml / 1 cucharadita de sal

Una pizca de nuez moscada rallada

3 huevos

50 g / 2 oz / ¼ taza de mantequilla o margarina

Un poco de leche y azúcar para glasear

Licuar la levadura con 5 ml / 1 cucharadita de azúcar y el agua tibia y dejar en un lugar cálido durante 20 minutos hasta que esté espumoso. Agrega la crema fresca a la levadura. Coloque la harina, la sal y la nuez moscada en un bol y haga un hueco en el centro. Mezcle la mezcla de levadura, los huevos y la mantequilla y trabaje hasta obtener una masa suave. Amasar hasta que esté suave y elástica. Coloque en un recipiente engrasado, cubra con film transparente aceitado (envoltura de plástico) y déjelo en un lugar cálido durante aproximadamente 1 hora hasta que duplique su tamaño.

Amasar la masa nuevamente, luego dar forma a dos moldes de pan de 450 g / 1 lb. Tapar y dejar en un lugar cálido durante 35 minutos hasta que duplique su tamaño.

Cepille la parte superior de las hogazas con un poco de leche y luego espolvoree con azúcar. Hornee en un horno precalentado a 180 ° C / 350 ° F / marca de gas 4 durante 30 minutos. Deje enfriar en la lata durante 10 minutos, luego colóquelo en una rejilla para terminar de enfriar.

Croissants

Hace 12

25 g / 1 oz / 2 cucharadas de manteca de cerdo (manteca vegetal)

450 g / 1 lb / 4 tazas de harina común (para pan) fuerte

2,5 ml / ½ cucharadita de azúcar en polvo (superfina)

10 ml / 2 cucharaditas de sal

25 g / 1 oz de levadura fresca o 40 ml / 2½ cucharadas de levadura seca

250 ml / 8 fl oz / 1 taza de agua tibia

2 huevos, ligeramente batidos

100 g / 4 oz / ½ taza de mantequilla o margarina, cortada en cubitos

Frote la manteca de cerdo con la harina, el azúcar y la sal hasta que la mezcla se asemeje al pan rallado, luego haga un hueco en el centro. Mezclar la levadura con el agua y agregar a la harina con uno de los huevos. Trabaja la mezcla hasta que tengas una masa suave que salga limpiamente de los lados del tazón. Coloque sobre una superficie ligeramente enharinada y amase hasta que quede suave y ya no esté pegajoso. Estirar la masa en una tira de 20 x 50 cm / 8 x 20 pulgadas. Salpique los dos tercios superiores de la masa con un tercio de la mantequilla o margarina, dejando un pequeño espacio alrededor del borde. Dobla la parte sin mantequilla de la masa sobre el siguiente tercio, luego dobla el tercio superior hacia abajo sobre eso. Presione los bordes para sellar y dé a la masa un cuarto de vuelta para que el borde doblado quede a su izquierda. Repita el proceso con el siguiente tercio de la mantequilla o margarina, Dobla y repite una vez más para que hayas usado toda la grasa. Ponga la masa doblada en una bolsa de polietileno engrasada y enfríe durante 30 minutos.

Enrollar, doblar y dar la vuelta a la masa tres veces más sin añadir más grasa. Regrese a la bolsa y enfríe durante 30 minutos.

Estirar la masa en un rectángulo de 40 x 38 cm / 16 x 15, recortar los bordes y cortar en 12 15 cm / 6 en triángulos. Cepille los triángulos con un poco de huevo batido y enrolle desde la base, luego doble en forma de media luna y colóquelos, bien separados, en una bandeja para hornear engrasada (para galletas). Cepille la parte superior con huevo, cubra y deje en un lugar cálido durante unos 30 minutos.

Vuelva a cepillar la parte superior con huevo, luego hornee en un horno precalentado a 230 ° C / 425 ° F / marca de gas 7 durante 15 a 20 minutos hasta que esté dorado e hinchado.

Croissants Sultana Integrales

Hace 12

25 g / 1 oz / 2 cucharadas de manteca de cerdo (manteca vegetal)

225 g / 8 oz / 2 tazas de harina común (para pan) fuerte

225 g / 8 oz / 2 tazas de harina integral (integral)

10 ml / 2 cucharaditas de sal

25 g / 1 oz de levadura fresca o 40 ml / 2½ cucharadas de levadura seca

300 ml / ½ pt / 1¼ tazas de agua tibia

2 huevos, ligeramente batidos

100 g / 4 oz / ½ taza de mantequilla o margarina, cortada en cubitos

45 ml / 3 cucharadas de pasas sultanas (pasas doradas)

2,5 ml / ½ cucharadita de azúcar en polvo (superfina)

Frote la manteca de cerdo con la harina y la sal hasta que la mezcla se asemeje al pan rallado, luego haga un hueco en el centro. Mezclar la levadura con el agua y agregar a la harina con uno de los huevos. Trabaja la mezcla hasta que tengas una masa suave que salga limpiamente de los lados del tazón. Coloque sobre una superficie ligeramente enharinada y amase hasta que quede suave y ya no esté pegajoso. Estirar la masa en una tira de 20 x 50 cm / 8 x 20 pulgadas. Salpique los dos tercios superiores de la masa con un tercio de la mantequilla o margarina, dejando un pequeño espacio alrededor del borde. Dobla la parte sin mantequilla de la masa sobre el siguiente tercio, luego dobla el tercio superior hacia abajo sobre eso. Presione los bordes para sellar y dé a la masa un cuarto de vuelta para que el borde doblado quede a su izquierda. Repita el proceso con el siguiente tercio de la mantequilla o margarina, Dobla y repite una vez más para que hayas usado toda la grasa. Ponga la masa doblada en una bolsa de polietileno engrasada y enfríe durante 30 minutos.

Enrollar, doblar y dar la vuelta a la masa tres veces más sin añadir más grasa. Regrese a la bolsa y enfríe durante 30 minutos.

Estirar la masa en un rectángulo de 40 x 38 cm / 16 x 15, recortar los bordes y cortar en doce triángulos de 15 cm / 6. Cepille los triángulos con un poco de huevo batido, espolvoree con pasas y azúcar y enrolle desde la base, luego doble en forma de media luna y colóquelos bien separados en una bandeja para hornear engrasada (para galletas). Cepille la parte superior con huevo, cubra y deje en un lugar cálido durante 30 minutos.

Vuelva a cepillar la parte superior con huevo, luego hornee en un horno precalentado a 230 ° C / 425 ° F / marca de gas 7 durante 15 a 20 minutos hasta que esté dorado e hinchado.

Rondas forestales

Rinde tres panes de 350 g / 12 oz

450 g / 1 lb / 4 tazas de harina integral (integral)

20 ml / 4 cucharaditas de polvo de hornear

45 ml / 3 cucharadas de polvo de algarroba

5 ml / 1 cucharadita de sal

50 g / 2 oz / ½ taza de avellanas molidas

50 g / 2 oz / ½ taza de nueces mixtas picadas

75 g / 3 oz / 1/3 taza de grasa vegetal (manteca)

75 g / 3 oz / ¼ taza de miel clara

300 ml / ½ pt / 1¼ tazas de leche

2,5 ml / ½ cucharadita de esencia de vainilla (extracto)

1 huevo batido

Mezcle los ingredientes secos, luego frote la grasa vegetal. Disuelva la miel en la leche y la esencia de vainilla y mezcle con los ingredientes secos hasta obtener una masa suave. Forme tres rondas y presione para aplanar ligeramente. Corta cada barra parcialmente en seis porciones y úntala con huevo batido. Coloque en una bandeja para hornear engrasada (para galletas) y hornee en un horno precalentado a 230 ° C / 450 ° F / marca de gas 8 durante 20 minutos hasta que esté bien levantado y dorado.

Giro de nuez

Rinde una barra de 450 g / 1 lb

Para la masa:

15 g / ½ oz de levadura fresca o 20 ml / 4 cucharaditas de levadura seca

40 g / 1½ oz / 3 cucharadas de azúcar en polvo (superfina)

100 ml / 3½ fl oz / 6 ½ cucharadas de leche tibia

350 g / 12 oz / 3 tazas de harina común (para pan) fuerte

2,5 ml / ½ cucharadita de sal

50 g / 2 oz / ¼ taza de mantequilla o margarina, derretida

1 huevo

Para el relleno y glaseado:

100 g / 4 oz / 1 taza de almendras molidas

2 claras de huevo

50 g / 2 oz / ¼ taza de azúcar en polvo (superfina)

2,5 ml / ½ cucharadita de canela molida

100 g / 4 oz / 1 taza de avellanas molidas

1 yema de huevo

Para hacer la masa, licúa la levadura con 5 ml / 1 cucharadita de azúcar y un poco de leche y déjala en un lugar cálido durante 20 minutos hasta que esté espumosa. Mezclar la harina y la sal en un bol y hacer un hueco en el centro. Mezcle la mezcla de levadura, el azúcar y la leche restantes, la mantequilla o margarina derretida y el huevo y mezcle hasta obtener una masa suave. Amasar hasta que quede elástico y ya no esté pegajoso. Coloque en un recipiente engrasado, cubra con film transparente aceitado (envoltura de plástico) y déjelo en un lugar cálido durante aproximadamente 1 hora hasta que duplique su tamaño.

Extienda la masa sobre una superficie ligeramente enharinada a un rectángulo de 30 x 40 cm / 12 x 16 pulgadas. Mezcle los ingredientes del relleno, excepto la yema de huevo, hasta que tenga una pasta suave, luego extienda sobre la masa, justo por debajo de los bordes. Cepille los bordes con un poco de yema de huevo, luego enrolle la masa por el lado largo. Corta la masa exactamente por la mitad a lo largo, luego retuerce las dos piezas juntas, sellando los extremos. Coloque en una bandeja para hornear engrasada (para galletas), cubra y deje en un lugar cálido durante 30 minutos hasta que duplique su tamaño. Unte con yema de huevo y hornee en un horno precalentado a 190 ° C / 375 ° F / marca de gas 5 durante 30 minutos hasta que se dore.

Bollos de naranja

Rinde 24

Para la masa:

25 g / 1 oz de levadura fresca o 40 ml / 2½ cucharadas de levadura seca

120 ml / 4 fl oz / ½ taza de agua tibia

75 g / 3 oz / 1/3 taza de azúcar en polvo (superfina)

100 g / 4 oz / ½ taza de manteca de cerdo (manteca vegetal), cortada en cubitos

5 ml / 1 cucharadita de sal

250 ml / 8 fl oz / 1 taza de leche tibia

60 ml / 4 cucharadas de jugo de naranja

30 ml / 2 cucharadas de cáscara de naranja rallada

2 huevos batidos

675 g / 1½ lb / 6 tazas de harina común (para pan) fuerte

Para la formación de hielo (glaseado):

250 g / 9 oz / 1½ tazas de azúcar glas (de repostería)

5 ml / 1 cucharadita de cáscara de naranja rallada

30 ml / 2 cucharadas de jugo de naranja

Para hacer la masa, disuelva la levadura en el agua tibia con 5 ml / 1 cucharadita de azúcar y déjela hasta que esté espumosa. Mezcle la manteca de cerdo con el azúcar restante y la sal. Agregue la leche, el jugo de naranja, la cáscara y los huevos, luego mezcle con la mezcla de levadura. Agrega poco a poco la harina y mezcla hasta obtener una masa firme. Amasar bien. Coloque en un recipiente engrasado, cubra con film transparente engrasado (envoltura de plástico) y déjelo en un lugar cálido durante aproximadamente 1 hora hasta que duplique su tamaño.

Estirar hasta aproximadamente 2 cm / ¾ de grosor y cortar en rodajas con un cortador de galletas. Coloque un poco separados en una bandeja para hornear engrasada (para galletas) y déjelo en un lugar cálido durante 25 minutos. Dejar enfriar.

Para hacer el glaseado, coloque el azúcar en un bol y mezcle con la cáscara de naranja. Mezcle gradualmente el jugo de naranja hasta obtener una formación de hielo firme. Colocar sobre los bollos cuando estén fríos y dejar reposar.

Chocolat de dolor

Hace 12

25 g / 1 oz / 2 cucharadas de manteca de cerdo (manteca vegetal)

450 g / 1 lb / 4 tazas de harina común (para pan) fuerte

2,5 ml / ½ cucharadita de azúcar en polvo (superfina)

10 ml / 2 cucharaditas de sal

25 g / 1 oz de levadura fresca o 40 ml / 2½ cucharadas de levadura seca

250 ml / 8 fl oz / 1 taza de agua tibia

2 huevos, ligeramente batidos

100 g / 4 oz / ½ taza de mantequilla o margarina, cortada en cubitos

100 g / 4 oz / 1 taza de chocolate natural (semidulce), partido en 12 trozos

Frote la manteca de cerdo con la harina, el azúcar y la sal hasta que la mezcla se asemeje al pan rallado, luego haga un hueco en el centro. Mezclar la levadura con el agua y agregar a la harina con uno de los huevos. Trabaje la mezcla hasta que tenga una masa suave que salga limpiamente de los lados del tazón. Coloque sobre una superficie ligeramente enharinada y amase hasta que quede suave y ya no esté pegajoso. Estirar la masa en una tira de 20 x 50 cm / 8 x 20 pulgadas. Salpique los dos tercios superiores de la masa con un tercio de la mantequilla o margarina, dejando un pequeño espacio alrededor del borde. Dobla la parte sin mantequilla de la masa hacia arriba sobre el siguiente tercio, luego dobla el tercio superior hacia abajo sobre eso, presiona los bordes para sellar y dale a la masa un cuarto de vuelta para que el borde doblado quede a tu izquierda. Repita el proceso con el siguiente tercio de la mantequilla o margarina, Dobla y repite una vez más para que hayas usado toda la grasa. Ponga la masa doblada en una bolsa de polietileno engrasada y enfríe durante 30 minutos.

Enrollar, doblar y dar la vuelta a la masa tres veces más sin añadir más grasa. Regrese a la bolsa y enfríe durante 30 minutos.

Divida la masa en 12 trozos y extiéndalos en rectángulos de unos 5 cm de ancho y 5 mm de grosor. Coloque un trozo de chocolate en el centro de cada uno y enrolle, encerrando el chocolate. Colóquelos bien separados en una bandeja para hornear engrasada (para galletas). Cepille la parte superior con huevo, cubra y deje en un lugar cálido durante 30 minutos.

Vuelva a cepillar la parte superior con huevo, luego hornee en un horno precalentado a 230 ° C / 425 ° F / marca de gas 7 durante 15 a 20 minutos hasta que esté dorado e hinchado.

Pandolce

Rinde dos panes de 675 g / 1½ lb

175 g / 6 oz / 1 taza de pasas

45 ml / 3 cucharadas de Marsala o jerez dulce

25 g / 1 oz de levadura fresca o 40 ml / 2½ cucharadas de levadura seca

175 g / 6 oz / ¾ taza de azúcar en polvo (superfina)

400 ml / 14 fl oz / 1¾ tazas de leche tibia

900 g / 2 lb / 8 tazas de harina común (para todo uso)

Una pizca de sal

45 ml / 3 cucharadas de agua de azahar

75 g / 3 oz / 1/3 taza de mantequilla o margarina, derretida

50 g / 2 oz / ½ taza de piñones

50 g / 2 oz / ½ taza de pistachos

10 ml / 2 cucharaditas de semillas de hinojo trituradas

50 g / 2 oz / 1/3 taza de cáscara de limón cristalizada (confitada), picada

Corteza rallada de 1 naranja

Mezclar las pasas y el Marsala y dejar en remojo. Licuar la levadura con 5 ml / 1 cucharadita de azúcar y un poco de leche tibia y dejar en un lugar tibio durante 20 minutos hasta que esté espumoso. Mezclar la harina, la sal y el azúcar restante en un bol y hacer un hueco en el centro. Incorpora la mezcla de levadura, la leche tibia restante y el agua de azahar. Agregue la mantequilla o margarina derretida y mezcle hasta obtener una masa suave. Amasar sobre una superficie ligeramente enharinada hasta que quede elástica y ya no esté pegajosa. Coloque en un recipiente engrasado, cubra con film transparente aceitado (envoltura de plástico) y déjelo en un lugar cálido durante aproximadamente 1 hora hasta que duplique su tamaño.

Presione o extienda la masa sobre una superficie ligeramente enharinada hasta aproximadamente 1 cm / ½ pulgada de espesor. Espolvorea con las pasas, nueces, semillas de hinojo, cáscaras de limón y naranja. Enrolle la masa, luego presione o extienda y enrolle nuevamente. Forme una ronda y colóquela en una bandeja para hornear engrasada (para galletas). Cubra con film transparente aceitado y déjelo en un lugar cálido durante aproximadamente 1 hora hasta que duplique su tamaño.

Haga un corte triangular en la parte superior del pan, luego hornee en un horno precalentado a 190 ° C / 375 ° F / marca de gas 5 durante 20 minutos. Reduzca la temperatura del horno a 160 ° C / 325 ° F / marca de gas 3 y hornee por 1 hora más hasta que esté dorado y con un sonido hueco cuando lo golpee en la base.

Panettone

Hace un pastel de 23 cm / 9 pulgadas

40 g / 1½ oz de levadura fresca o 60 ml / 4 cucharadas de levadura seca

150 g / 5 oz / 2/3 taza de azúcar en polvo (superfina)

300 ml / ½ pt / 1¼ tazas de leche tibia

225 g / 8 oz / 1 taza de mantequilla o margarina, derretida

5 ml / 1 cucharadita de sal

Corteza rallada de 1 limón

Una pizca de nuez moscada rallada

6 yemas de huevo

675 g / 1½ lb / 6 tazas de harina común (para pan) fuerte

175 g / 6 oz / 1 taza de pasas

175 g / 6 oz / 1 taza de cáscara mezclada (confitada) picada

75 g / 3 oz / ¼ taza de almendras picadas

Licuar la levadura con 5 ml / 1 cucharadita de azúcar con un poco de leche tibia y dejar en un lugar cálido durante 20 minutos hasta que esté espumoso. Mezclar la mantequilla derretida con el azúcar restante, la sal, la cáscara de limón, la nuez moscada y las yemas de huevo. Agregue la mezcla a la harina con la mezcla de levadura y mezcle hasta obtener una masa suave. Amasar hasta que ya no esté pegajoso. Coloque en un recipiente engrasado, cubra con film transparente aceitado (envoltura de plástico) y déjelo en un lugar cálido durante 20 minutos. Mezcle las pasas, la cáscara mezclada y las almendras y trabaje en la masa. Tapar de nuevo y dejar en un lugar cálido durante 30 minutos más.

Amasar ligeramente la masa, luego dar forma a un molde (molde) hondo de 23 cm / 9 engrasado y forrado. Tapar y dejar en un lugar cálido durante 30 minutos hasta que la masa se eleve bien por encima de la parte superior de la lata. Hornee en horno precalentado a 190 ° C / 375 ° F / marca de gas 5 durante 1½ horas hasta que una brocheta insertada en el centro salga limpia.

Pan de manzana y dátil

Rinde una barra de 900 g / 2 lb

350 g / 12 oz / 3 tazas de harina con levadura

50 g / 2 oz / ¼ taza de azúcar morena suave

5 ml / 1 cucharadita de especias mixtas (tarta de manzana)

5 ml / 1 cucharadita de canela molida

2,5 ml / ½ cucharadita de nuez moscada rallada

Una pizca de sal

1 manzana grande para cocinar (tarta), pelada, sin corazón y picada

175 g / 6 oz / 1 taza de dátiles deshuesados (sin hueso), picados

Corteza rallada de ½ limón

2 huevos, ligeramente batidos

150 ml / ¼ pt / 2/3 taza de yogur natural

Mezcle los ingredientes secos, luego agregue la manzana, los dátiles y la cáscara de limón. Hacer un hueco en el centro, añadir los huevos y el yogur y mezclar gradualmente hasta formar una masa. Colocar sobre una superficie ligeramente enharinada y dar forma a un molde (molde) para pan de 900 g / 2 lb engrasado y enharinado. Hornee en un horno precalentado a 160 ° C / 325 ° F / marca de gas 3 durante 1½ horas hasta que esté bien levantado y dorado. Deje enfriar en la lata durante 5 minutos, luego colóquelo en una rejilla para terminar de enfriar.

Pan de manzana y sultana

Rinde tres panes de 350 g / 12 oz

25 g / 1 oz de levadura fresca o 40 ml / 2½ cucharadas de levadura seca

10 ml / 2 cucharaditas de extracto de malta

375 ml / 13 fl oz / 1½ tazas de agua tibia

450 g / 1 lb / 4 tazas de harina integral (integral)

5 ml / 1 cucharadita de harina de soja

50 g / 2 oz / ½ taza de copos de avena

2,5 ml / ½ cucharadita de sal

25 g / 1 oz / 2 cucharadas de azúcar morena suave

15 ml / 1 cucharada de manteca de cerdo (manteca)

225 g / 8 oz de manzanas para cocinar (agrias), peladas, sin corazón y picadas

400 g / 14 oz / 21/3 tazas de pasas sultanas (pasas doradas)

2,5 ml / ½ cucharadita de canela molida

1 huevo batido

Licuar la levadura con el extracto de malta y un poco de agua tibia y dejar en un lugar tibio hasta que esté espumoso. Mezclar la harina, la avena, la sal y el azúcar, untar la manteca y hacer un hueco en el centro. Mezcle la mezcla de levadura y el agua tibia restante y amase hasta obtener una masa suave. Incorpora las manzanas, las pasas sultanas y la canela. Amasar hasta que quede elástico y ya no esté pegajoso. Coloque la masa en un recipiente engrasado y cubra con film transparente aceitado (envoltura de plástico). Dejar en un lugar cálido durante 1 hora hasta que duplique su tamaño.

Amase la masa ligeramente, luego forme tres rondas y aplaste un poco, luego colóquela en una bandeja para hornear engrasada (para galletas). Cepille la parte superior con huevo batido y hornee en un horno precalentado a 230 ° C / 450 ° F / marca de gas 8 durante 35 minutos hasta que esté bien levantado y suene hueco cuando se golpee la base.

Sorpresas de manzana y canela

Hace 10

Para la masa:

25 g / 1 oz de levadura fresca o 40 ml / 2½ cucharadas de levadura seca

75 g / 3 oz / 1/3 taza de azúcar morena suave

300 ml / ½ pt / 1¼ tazas de agua tibia

450 g / 1 lb / 4 tazas de harina integral (integral)

2,5 ml / ½ cucharadita de sal

25 g / 1 oz / ¼ taza de leche en polvo (leche desnatada en polvo)

5 ml / 1 cucharadita de especias molidas mezcladas (tarta de manzana)

5 ml / 1 cucharadita de canela molida

75 g / 3 oz / 1/3 taza de mantequilla o margarina

15 ml / 1 cucharada de cáscara de naranja rallada

1 huevo

Para el llenado:

450 g / 1 lb de manzanas para cocinar (agrias), peladas, sin corazón y picadas en trozos grandes

75 g / 3 oz / ½ taza de pasas sultanas (pasas doradas)

5 ml / 1 cucharadita de canela molida

Para el glaseado:

15 ml / 1 cucharada de miel clara

30 ml / 2 cucharadas de azúcar en polvo (superfina)

Para hacer la masa, licúa la levadura con un poco de azúcar y un poco de agua tibia y déjala en un lugar tibio por 20 minutos hasta que esté espumosa. Mezcle la harina, la sal, la leche en polvo y las especias. Frote la mantequilla o la margarina, luego agregue la cáscara de naranja y haga un hueco en el centro. Agregue la mezcla de levadura, el agua tibia restante y el huevo y mezcle hasta obtener una masa suave. Coloque en un recipiente engrasado, cubra con film transparente aceitado (envoltura de plástico) y déjelo en un lugar cálido durante 1 hora hasta que duplique su tamaño.

Para hacer el relleno, cuece las manzanas y las pasas en una sartén con la canela y un poco de agua hasta que estén blandas y trituradas.

Forma la masa en 10 rollos, presiona tu dedo en el centro y vierte un poco del relleno, luego cierra la masa alrededor del relleno. Colocar en una bandeja para hornear engrasada (para galletas), cubrir con film transparente aceitado y dejar en un lugar cálido durante 40 minutos. Hornee en un horno precalentado a 230 ° C / 450 ° F / marca de gas 8 durante 15 minutos hasta que esté bien subido. Pincelar con la miel, espolvorear con el azúcar y dejar enfriar.

Pan de té de albaricoque

Rinde una barra de 900 g / 2 lb

225 g / 8 oz / 2 tazas de harina con levadura (levadura)

100 g / 4 oz / 2/3 taza de albaricoques secos

50 g / 2 oz / ½ taza de almendras picadas

50 g / 2 oz / ¼ taza de azúcar morena suave

50 g / 2 oz / ¼ taza de mantequilla o margarina

100 g / 4 oz / 1/3 taza de jarabe dorado (maíz ligero)

1 huevo

75 ml / 5 cucharadas de leche

Remojar los albaricoques en agua caliente durante 1 hora, luego escurrir y picar.

Mezclar la harina, los albaricoques, las almendras y el azúcar. Derretir la mantequilla o la margarina y el almíbar. Agregue a los ingredientes secos con el huevo y la leche. Vierta en un molde (molde) para pan engrasado y forrado de 900 g / 2 lb y hornee en un horno precalentado a 180 ° C / 350 ° F / marca de gas 4 durante 1 hora hasta que esté dorado y firme al tacto.

Pan de albaricoque y naranja

Rinde una barra de 900 g / 2 lb

175 g / 6 oz / 1 taza de albaricoques secos picados sin necesidad de remojar

150 ml / ¼ pt / 2/3 taza de jugo de naranja

400 g / 14 oz / 3½ tazas de harina común (para todo uso)

175 g / 6 oz / ¾ taza de azúcar en polvo (superfina)

100 g / 4 oz / 2/3 taza de pasas

7,5 ml / 1½ cucharadita de polvo de hornear

2,5 ml / ½ cucharadita de bicarbonato de sodio (bicarbonato de sodio)

2,5 ml / ½ cucharadita de sal

Corteza rallada de 1 naranja

1 huevo, ligeramente batido

25 g / 1 oz / 2 cucharadas de mantequilla o margarina, derretida

Remoja los albaricoques en el jugo de naranja. Coloque los ingredientes secos y la cáscara de naranja en un bol y haga un hueco en el centro. Mezcle los albaricoques y el jugo de naranja, el huevo y la mantequilla o margarina derretida y trabaje hasta obtener una mezcla firme. Vierta con una cuchara en un molde (molde) para pan engrasado y forrado de 900 g / 2 lb y hornee en un horno precalentado a 180 ° C / 350 ° F / marca de gas 4 durante 1 hora hasta que esté dorado y firme al tacto.

Pan de albaricoque y nueces

Rinde una barra de 900 g / 2 lb

15 g / ½ oz de levadura fresca o 20 ml / 4 cucharaditas de levadura seca

30 ml / 2 cucharadas de miel clara

300 ml / ½ pt / 1¼ tazas de agua tibia

25 g / 1 oz / 2 cucharadas de mantequilla o margarina

225 g / 8 oz / 2 tazas de harina integral (integral)

225 g / 8 oz / 2 tazas de harina común (para todo uso)

5 ml / 1 cucharadita de sal

75 g / 3 oz / ¾ taza de nueces, picadas

175 g / 6 oz / 1 taza de albaricoques secos listos para comer, picados

Licuar la levadura con un poco de miel y un poco de agua y dejar en un lugar cálido durante 20 minutos hasta que esté espumoso. Frote la mantequilla o la margarina en las harinas y la sal y haga un hueco en el centro. Mezcle la mezcla de levadura y el resto de la miel y el agua y mezcle hasta formar una masa. Mezcle las nueces y los albaricoques y amase hasta que quede suave y ya no esté pegajoso. Colocar en un recipiente engrasado, tapar y dejar en un lugar cálido durante 1 hora hasta que duplique su tamaño.

Amasar nuevamente la masa y darle forma a un molde (molde) para pan engrasado de 900 g / 2 lb. Cubra con film transparente aceitado (envoltura de plástico) y déjelo en un lugar cálido durante unos 20 minutos hasta que la masa haya subido justo por encima de la parte superior de la lata. Hornee en un horno precalentado a 220 ° C / 425 ° F / marca de gas 7 durante 30 minutos hasta que se dore y suene hueco cuando se golpee la base.

Corona de otoño

Hace una gran barra de pan

Para la masa:

450 g / 1 lb / 4 tazas de harina integral (integral)

20 ml / 4 cucharaditas de polvo de hornear

75 g / 3 oz / 1/3 taza de azúcar morena suave

5 ml / 1 cucharadita de sal

2,5 ml / ½ cucharadita de macis molida

75 g / 3 oz / 1/3 taza de grasa vegetal (manteca)

3 claras de huevo

300 ml / ½ pt / 1¼ tazas de leche

Para el llenado:

175 g / 6 oz / 1½ tazas de migas de pastel integrales (de trigo integral)

50 g / 2 oz / ½ taza de avellanas o almendras molidas

50 g / 2 oz / ¼ taza de azúcar morena suave

75 g / 3 oz / ½ taza de jengibre cristalizado (confitado), picado

30 ml / 2 cucharadas de ron o brandy

1 huevo, ligeramente batido

Para glasear:

15 ml / 1 cucharada de miel

Para hacer la masa, mezcle los ingredientes secos y frote la grasa. Mezcle las claras de huevo y la leche y combine con la mezcla hasta obtener una masa suave y flexible.

Mezcle los ingredientes del relleno, usando solo la cantidad suficiente de huevo para obtener una consistencia para untar. Extienda la masa sobre una superficie ligeramente enharinada a un rectángulo de 20 x 30 cm / 8 x 10 en. Extienda el relleno sobre todo menos los 2,5 cm superiores a lo largo del borde largo. Enrolle desde el borde opuesto, como un rollo suizo (gelatina), y humedezca la tira simple de masa para sellar. Humedezca cada extremo y forme el rollo en un círculo, sellando los extremos juntos. Con unas tijeras afiladas, haga pequeños cortes alrededor de la parte superior para decorar. Coloque en una bandeja para hornear engrasada (para galletas) y cepille con el huevo restante. Dejar reposar 15 minutos.

Hornee en un horno precalentado a 230 ° C / 450 ° F / marca de gas 8 durante 25 minutos hasta que se doren. Pincelar con miel y dejar enfriar.

Pan de plátano

Rinde una barra de 900 g / 2 lb

75 g / 3 oz / 1/3 taza de mantequilla o margarina, ablandada

175 g / 6 oz / 2/3 taza de azúcar en polvo (superfina)

2 huevos, ligeramente batidos

450 g / 1 libra de plátanos maduros, triturados

200 g / 7 oz / 1¾ taza de harina con levadura (levadura)

75 g / 3 oz / ¾ taza de nueces, picadas

100 g / 4 oz / 2/3 taza de pasas sultanas (pasas doradas)

50 g / 2 oz / ½ taza de cerezas glaseadas (confitadas)

2,5 ml / ½ cucharadita de bicarbonato de sodio (bicarbonato de sodio)

Una pizca de sal

Batir la mantequilla o margarina y el azúcar hasta que estén pálidos y esponjosos. Poco a poco, agregue los huevos y luego agregue los plátanos. Mezcle los ingredientes restantes hasta que estén bien mezclados. Vierta en un molde (molde) para pan engrasado y forrado de 900 g / 2 lb y hornee en un horno precalentado a 180 ° C / 350 ° C / marca de gas 4 durante 1¼ horas hasta que esté bien levantado y firme al tacto.

Pan de Plátano Integral

Rinde una barra de 900 g / 2 lb

100 g / 4 oz / ½ taza de mantequilla o margarina, ablandada

50 g / 2 oz / ¼ taza de azúcar morena suave

2 huevos, ligeramente batidos

3 plátanos, machacados

175 g / 6 oz / 1½ tazas de harina integral (integral)

100 g / 4 oz / 1 taza de harina de avena

5 ml / 1 cucharadita de levadura en polvo

5 ml / 1 cucharadita de especias molidas mezcladas (tarta de manzana)

30 ml / 2 cucharadas de leche

Batir la mantequilla o margarina y el azúcar hasta que esté suave y esponjoso. Poco a poco, agregue los huevos, agregue los plátanos, luego agregue las harinas, el polvo de hornear y la mezcla de especias. Agregue suficiente leche para hacer una mezcla suave. Vierta con una cuchara en un molde para pan (molde) engrasado y forrado de 900 g / 2 lb y nivele la superficie. Hornee en un horno precalentado a 190 ° C / 375 ° F / marca de gas 5 hasta que suba y se dore.

Pan de Plátano y Nueces

Rinde una barra de 900 g / 2 lb

50 g / 2 oz / ¼ taza de mantequilla o margarina

225 g / 8 oz / 2 tazas de harina con levadura (levadura)

50 g / 2 oz / ¼ taza de azúcar en polvo (superfina)

50 g / 2 oz / ½ taza de nueces mixtas picadas

1 huevo, ligeramente batido

75 g / 3 oz / 1/3 taza de jarabe dorado (maíz ligero)

2 plátanos, triturados

15 ml / 1 cucharada de leche

Frote la mantequilla o margarina en la harina, luego agregue el azúcar y las nueces. Mezcle el huevo, el almíbar y los plátanos y suficiente leche para obtener una mezcla suave. Vierta con una cuchara en un molde (molde) para pan engrasado y forrado de 900 g / 2 lb y hornee en un horno precalentado a 180 ° C / 350 ° F / marca de gas 4 durante aproximadamente 1 hora hasta que esté firme y dorado. Almacene durante 24 horas antes de servir en rodajas y untado con mantequilla.

Pan de Cereza y Miel

Rinde una barra de 900 g / 2 lb

175 g / 6 oz / ¾ taza de mantequilla o margarina, ablandada

75 g / 3 oz / 1/3 taza de azúcar morena suave

60 ml / 4 cucharadas de miel clara

2 huevos batidos

100 g / 4 oz / 2 tazas de harina integral (integral)

10 ml / 2 cucharaditas de polvo de hornear

100 g / 4 oz / ½ taza de cerezas glaseadas (confitadas), picadas

45 ml / 3 cucharadas de leche

Batir la mantequilla o margarina, el azúcar y la miel hasta que estén suaves y esponjosos. Incorpora gradualmente los huevos, batiendo bien después de cada adición. Mezcle los ingredientes restantes para hacer una mezcla suave. Vierta en un molde (molde) para pan engrasado y forrado de 900 g / 2 lb y hornee en un horno precalentado a 180 ° C / 350 ° F / marca de gas 4 durante 1 hora hasta que un pincho insertado en el centro salga limpio. Sirva en rodajas y untado con mantequilla.

Rollos de canela y nuez moscada

Rinde 24

15 ml / 1 cucharada de levadura seca

120 ml / 4 fl oz / ½ taza de leche, hervida

50 g / 2 oz / ¼ taza de azúcar en polvo (superfina)

50 g / 2 oz / ¼ taza de manteca de cerdo (manteca)

5 ml / 1 cucharadita de sal

120 ml / 4 fl oz / ½ taza de agua tibia

2,5 ml / ½ cucharadita de nuez moscada rallada

1 huevo batido

400 g / 14 oz / 3½ tazas de harina común (para pan) fuerte

45 ml / 3 cucharadas de mantequilla o margarina, derretida

175 g / 6 oz / ¾ taza de azúcar morena suave

10 ml / 2 cucharaditas de canela molida

75 g / 3 oz / ½ taza de pasas

Disuelva la levadura en la leche tibia con una cucharadita de azúcar en polvo y déjela hasta que esté espumosa. Mezcle el azúcar en polvo restante, la manteca de cerdo y la sal. Vierta el agua y revuelva hasta que se mezcle. Agregue la mezcla de levadura, luego agregue gradualmente la nuez moscada, el huevo y la harina. Amasar hasta obtener una masa suave. Coloque en un recipiente engrasado, cubra con film transparente engrasado (envoltura de plástico) y déjelo en un lugar cálido durante aproximadamente 1 hora hasta que duplique su tamaño.

Dividir la masa por la mitad y extender sobre una superficie ligeramente enharinada en rectángulos de unos 5 mm / ¼ de pulgada de grosor. Unte con mantequilla derretida y espolvoree con el azúcar morena, la canela y las pasas. Enrolle del tamaño más largo y corte cada rollo en 12 rodajas de 1 cm de grosor. Coloque las rodajas un poco separadas en una bandeja para hornear engrasada (para galletas) y déjelas en un lugar cálido durante 1 hora. Hornee en un horno precalentado a 190 ° C / 375 ° F / marca de gas 5 durante 20 minutos hasta que esté bien subido.

Pan de arándanos

Rinde una barra de 450 g / 1 lb

225 g / 8 oz / 2 tazas de harina común (para todo uso)

2,5 ml / ½ cucharadita de sal

2,5 ml / ½ cucharadita de bicarbonato de sodio (bicarbonato de sodio)

225 g / 8 oz / 1 taza de azúcar en polvo (superfina)

7,5 ml / 1½ cucharadita de polvo de hornear

Jugo y ralladura de 1 naranja

1 huevo batido

25 g / 1 oz / 2 cucharadas de manteca de cerdo (manteca vegetal), derretida

100 g / 4 oz de arándanos rojos frescos o congelados, triturados

50 g / 2 oz / ½ taza de nueces, picadas en trozos grandes

Mezcle los ingredientes secos en un tazón grande. Ponga el jugo de naranja y la cáscara en una jarra medidora y complete hasta 175 ml / 6 fl oz / ¾ taza con agua. Agregue los ingredientes secos con el huevo y la manteca de cerdo. Agregue los arándanos y las nueces. Vierta con una cuchara en un molde (molde) para pan engrasado de 450 g / 1 lb y hornee en un horno precalentado a 160 ° C / 325 ° F / marca de gas 3 durante aproximadamente 1 hora hasta que una brocheta insertada en el centro salga limpia. Dejar enfriar y conservar durante 24 horas antes de cortar.

Pan de dátiles y mantequilla

Rinde una barra de 900 g / 2 lb

Para el pan:

175 g / 6 oz / 1 taza de dátiles deshuesados (deshuesados), finamente picados

5 ml / 1 cucharadita de bicarbonato de sodio (bicarbonato de sodio)

250 ml / 8 fl oz / 1 taza de agua hirviendo

75 g / 3 oz / 1/3 taza de mantequilla o margarina, ablandada

225 g / 8 oz / 1 taza de azúcar morena suave

1 huevo, ligeramente batido

5 ml / 1 cucharadita de esencia de vainilla (extracto)

225 g / 8 oz / 2 tazas de harina común (para todo uso)

5 ml / 1 cucharadita de levadura en polvo

Una pizca de sal

Para el aderezo:

100 g / 4 oz / ½ taza de azúcar morena suave

50 g / 2 oz / ¼ taza de mantequilla o margarina

120 ml / 4 fl oz / ½ taza de crema simple (ligera)

Para hacer el pan, mezcle los dátiles, el bicarbonato de sodio y el agua hirviendo y revuelva bien, luego déjelo enfriar. Batir la mantequilla o la margarina y el azúcar hasta que esté suave y esponjoso, luego ir batiendo gradualmente el huevo y la esencia de vainilla. Agregue la harina, el polvo de hornear y la sal. Coloque la mezcla en un molde (molde) para pan engrasado y forrado de 900 g / 2 lb y hornee en un horno precalentado a 180 ° C / 350 ° F / marca de gas 4 durante 1 hora hasta que una brocheta insertada en el centro salga limpia.

Para hacer la cobertura, derrita el azúcar, la mantequilla o la margarina y la crema a fuego lento hasta que se mezclen, luego cocine a fuego lento durante 15 minutos, revolviendo ocasionalmente. Retirar la hogaza del molde y verter sobre la cobertura caliente. Dejar enfriar.

Pan de Dátil y Plátano

Rinde una barra de 900 g / 2 lb

225 g / 8 oz / 11/3 tazas de dátiles deshuesados (sin hueso), picados

300 ml / ½ pt / 1¼ tazas de leche

5 ml / 1 cucharadita de bicarbonato de sodio (bicarbonato de sodio)

100 g / 4 oz / ½ taza de mantequilla o margarina

275 g / 10 oz / 2½ tazas de harina con levadura (levadura)

2 plátanos maduros, triturados

1 huevo batido

75 g / 3 oz / ¾ taza de avellanas, picadas

30 ml / 2 cucharadas de miel clara

Coloque los dátiles, la leche y el bicarbonato de sodio en una sartén y deje hervir, revolviendo. Dejar enfriar. Frote la mantequilla o la margarina en la harina hasta que la mezcla se parezca a pan rallado. Agrega los plátanos, el huevo y la mayoría de las avellanas, reservando algunas para decorar. Vierta en un molde (molde) para pan engrasado y forrado de 900 g / 2 lb y hornee en un horno precalentado a 180 ° C / 350 ° F / marca de gas 4 durante 1 hora hasta que un pincho insertado en el centro salga limpio. Dejar enfriar en la lata durante 5 minutos, luego desmoldar y quitar el papel de revestimiento. Caliente la miel y cepille la parte superior del pastel. Espolvorear con las nueces reservadas y dejar enfriar por completo.

Pan de dátiles y naranja

Rinde una barra de 900 g / 2 lb

225 g / 8 oz / 11/3 tazas de dátiles deshuesados (sin hueso), picados

120 ml / 4 fl oz / ½ taza de agua

200 g / 7 oz / escasa 1 taza de azúcar morena suave

75 g / 3 oz / 1/3 taza de mantequilla o margarina

Corteza rallada y jugo de 1 naranja

1 huevo, ligeramente batido

225 g / 8 oz / 2 tazas de harina común (para todo uso)

10 ml / 2 cucharaditas de polvo de hornear

5 ml / 1 cucharadita de canela molida

Cocine a fuego lento los dátiles en el agua durante 15 minutos hasta que estén pulposos. Agrega el azúcar hasta que se disuelva. Retirar del fuego y dejar enfriar un poco. Batir la mantequilla o margarina, la cáscara de naranja y el jugo, luego el huevo. Batir la harina, el polvo de hornear y la canela. Vierta en un molde (molde) para pan engrasado y forrado de 900 g / 2 lb y hornee en un horno precalentado a 180 ° C / 350 ° F / marca de gas 4 durante 1 hora hasta que un pincho insertado en el centro salga limpio.

Pan de dátiles y nueces

Rinde una barra de 900 g / 2 lb

250 ml / 8 fl oz / 1 taza de agua hirviendo

225 g / 8 oz / 11/3 tazas de dátiles deshuesados (sin hueso), picados

10 ml / 2 cucharaditas de bicarbonato de sodio (bicarbonato de sodio)

25 g / 1 oz / 2 cucharadas de grasa vegetal (manteca)

225 g / 8 oz / 1 taza de azúcar morena suave

2 huevos batidos

225 g / 8 oz / 2 tazas de harina común (para todo uso)

5 ml / 1 cucharadita de sal

50 g / 2 oz / ½ taza de nueces pecanas, picadas

Vierta el agua hirviendo sobre los dátiles y el bicarbonato de sodio y déjelo hasta que esté tibio. Batir la grasa vegetal y el azúcar hasta que quede cremoso. Incorpora los huevos poco a poco. Mezclar la harina con la sal y las nueces, luego incorporar a la mezcla cremosa alternativamente con los dátiles y el líquido. Vierta con una cuchara en un molde (molde) para pan engrasado de 900 g / 2 lb y hornee en un horno precalentado a 180 ° C / 350 ° F / marca de gas 4 durante 1 hora hasta que esté firme al tacto.

Pan de té de dátiles

Rinde una barra de 900 g / 2 lb

225 g / 8 oz / 2 tazas de harina común (para todo uso)

100 g / 4 oz / ½ taza de azúcar morena suave

Una pizca de sal

5 ml / 1 cucharadita de especias molidas mezcladas (tarta de manzana)

5 ml / 1 cucharadita de bicarbonato de sodio (bicarbonato de sodio)

50 g / 2 oz / ¼ taza de mantequilla o margarina, derretida

15 ml / 1 cucharada de melaza negra (melaza)

150 ml / ¼ pt / 2/3 taza de té negro

1 huevo batido

75 g / 3 oz / ½ taza de dátiles deshuesados (sin hueso), picados

Mezcle la harina, el azúcar, la sal, las especias y el bicarbonato de sodio. Agregue la mantequilla, la melaza, el té y el huevo y mezcle bien hasta que quede suave. Agrega las fechas. Vierta la mezcla en un molde (molde) para pan engrasado y forrado de 900 g / 2 lb y hornee en un horno precalentado a 180 ° C / 350 ° F / marca de gas 4 durante 45 minutos.

Pan de dátiles y nueces

Rinde una barra de 900 g / 2 lb

100 g / 4 oz / ½ taza de mantequilla o margarina

175 g / 6 oz / 1½ tazas de harina integral (integral)

50 g / 2 oz / ½ taza de harina de avena

10 ml / 2 cucharaditas de polvo de hornear

5 ml / 1 cucharadita de especias molidas mezcladas (tarta de manzana)

2,5 ml / ½ cucharadita de canela molida

50 g / 2 oz / ¼ taza de azúcar morena suave

75 g / 3 oz / ½ taza de dátiles deshuesados (sin hueso), picados

75 g / 3 oz / ¾ taza de nueces, picadas

2 huevos, ligeramente batidos

30 ml / 2 cucharadas de leche

Frote la mantequilla o la margarina en las harinas, el polvo de hornear y las especias hasta que la mezcla parezca pan rallado. Agregue el azúcar, los dátiles y las nueces. Mezcle los huevos y la leche para hacer una masa suave. Forme la masa en un molde (molde) para pan engrasado de 900 g / 2 lb y nivele la parte superior. Hornee en un horno precalentado a 160 ° C / 325 ° F / marca de gas 3 durante 45 minutos hasta que se levante y se dore.

Pan de higo

Rinde una barra de 450 g / 1 lb

100 g / 4 oz / 1½ tazas de cereal de salvado

100 g / 4 oz / ½ taza de azúcar morena suave

100 g / 4 oz / 2/3 taza de higos secos, picados

30 ml / 2 cucharadas de melaza negra (melaza)

250 ml / 8 fl oz / 1 taza de leche

100 g / 4 oz / 1 taza de harina integral (integral)

10 ml / 2 cucharaditas de polvo de hornear

Mezclar el cereal, el azúcar, los higos, la melaza y la leche y dejar reposar 30 minutos. Agregue la harina y el polvo de hornear. Vierta en un molde (molde) para pan engrasado de 450 g / 1 lb y hornee en un horno precalentado a 180 ° C / 350 ° F / marca de gas 4 durante 45 minutos hasta que esté firme y un pincho insertado en el centro salga limpio.

Pan de higo y marsala

Rinde una barra de 900 g / 2 lb

225 g / 8 oz / 1 taza de mantequilla o margarina sin sal (dulce), ablandada

225 g / 8 oz / 1 taza de azúcar morena suave

4 huevos, ligeramente batidos

45 ml / 3 cucharadas de Marsala

5 ml / 1 cucharadita de esencia de vainilla (extracto)

200 g / 7 oz / 1¾ tazas de harina común (para todo uso)

Una pizca de sal

50 g / 2 oz / 1/3 taza de albaricoques secos listos para comer, picados

50 g / 2 oz / 1/3 taza de dátiles deshuesados (deshuesados), picados

50 g / 2 oz / 1/3 taza de higos secos, picados

50 g / 2 oz / ½ taza de nueces mixtas picadas

Batir la mantequilla o margarina y el azúcar hasta que esté suave y esponjoso. Agrega poco a poco los huevos, luego el Marsala y la esencia de vainilla. Mezclar la harina y la sal con la fruta y las nueces, luego incorporar a la mezcla y mezclar bien. Vierta en un molde (molde) para pan engrasado y enharinado de 900 g / 2 lb y hornee en un horno precalentado a 180 ° C / 350 ° F / marca de gas 4 durante 1 hora. Deje enfriar en la lata durante 10 minutos, luego colóquelo en una rejilla para terminar de enfriar.

Rollos de Higo y Miel

Hace 12

25 g / 1 oz de levadura fresca o 40 ml / 2½ cucharadas de levadura seca

75 g / 3 oz / ¼ taza de miel clara

300 ml / ½ pt / 1¼ tazas de agua tibia

100 g / 4 oz / 2/3 taza de higos secos, picados

15 ml / 1 cucharada de extracto de malta

450 g / 1 lb / 4 tazas de harina integral (integral)

15 ml / 1 cucharada de leche en polvo (leche desnatada en polvo)

5 ml / 1 cucharadita de sal

2,5 ml / ½ cucharadita de nuez moscada rallada

40 g / 1½ oz / 2½ cucharadas de mantequilla o margarina

Ralladura de 1 naranja

1 huevo batido

15 ml / 1 cucharada de semillas de sésamo

Licuar la levadura con 5 ml / 1 cucharadita de miel y un poco de agua tibia y dejar en un lugar tibio hasta que esté espumoso. Mezclar el agua tibia restante con los higos, el extracto de malta y la miel restante y dejar en remojo. Mezcle la harina, la leche en polvo, la sal y la nuez moscada, luego frote la mantequilla o margarina y agregue la cáscara de naranja. Haga un hueco en el centro y vierta la mezcla de levadura y la mezcla de higos. Mezclar hasta obtener una masa suave y amasar hasta que ya no esté pegajoso. Coloque en un recipiente engrasado, cubra con film transparente aceitado (envoltura de plástico) y déjelo en un lugar cálido durante 1 hora hasta que duplique su tamaño.

Amase ligeramente, luego forme 12 rollos y colóquelos en una bandeja para hornear engrasada (para galletas). Cubrir con film transparente aceitado y dejar en un lugar cálido durante 20 minutos. Unte con huevo batido y espolvoree con semillas de sésamo. Hornee en un horno precalentado a 230 ° C / 450 ° F / marca de gas 8 durante 15 minutos hasta que se doren y suenen huecos al golpear la base.

Bollos cruzados calientes

Hace 12

Para los bollos:

450 g / 1 lb / 4 tazas de harina fuerte (para pan)

15 ml / 1 cucharada de levadura seca

Una pizca de sal

5 ml / 1 cucharadita de especias molidas mezcladas (tarta de manzana)

50 g / 2 oz / ¼ taza de azúcar en polvo (superfina)

100 g / 4 oz / 2/3 taza de grosellas

25 g / 1 oz / 3 cucharadas de cáscara mezclada (confitada) picada

1 huevo batido

250 ml / 8 fl oz / 1 taza de leche

50 g / 2 oz / ¼ taza de mantequilla o margarina, derretida

Para las cruces:

25 g / 1 oz / ¼ taza de harina común (para todo uso)

15 ml / 1 cucharada de agua

Un poco de huevo batido

Para el glaseado:

50 g / 2 oz / ¼ taza de azúcar en polvo (superfina)

150 ml / ¼ pt / 2/3 taza de agua

Para hacer los bollos, mezcle los ingredientes secos, las grosellas y la piel mixta. Agregue el huevo, la leche y la mantequilla derretida y mezcle hasta obtener una masa firme que se desprenda de los lados del tazón. Coloque sobre una superficie ligeramente enharinada y amase durante 5 minutos hasta que quede suave y elástica. Dividir en 12 y formar bolas. Coloque bien separados en una bandeja para hornear engrasada (para galletas), cubra con film transparente engrasado (envoltura de plástico) y déjelo en un lugar cálido durante unos 45 minutos hasta que duplique su tamaño.

Coloque la harina para la cruz en un tazón pequeño y mezcle gradualmente suficiente agua para hacer una masa. Estirar hasta formar una hebra larga. Cepille la parte superior de los bollos con huevo batido, luego presione suavemente una cruz de masa cortada de la hebra larga en cada uno. Hornee en un horno precalentado a 220 ° C / 425 ° F / marca de gas 7 durante 20 minutos hasta que se doren.

Para hacer el glaseado, disuelva el azúcar en el agua, luego hierva hasta que esté almibarado. Cepille los bollos calientes, luego transfiéralos a una rejilla para enfriar.

Pan de ciruela de Lincolnshire

Rinde tres panes de 450 g / 1 lb

15 g / ½ oz de levadura fresca o 20 ml / 4 cucharaditas de levadura seca

45 ml / 3 cucharadas de azúcar morena suave

200 ml / 7 fl oz / escasa 1 taza de leche tibia

100 g / 4 oz / ½ taza de mantequilla o margarina

450 g / 1 lb / 4 tazas de harina común (para todo uso)

10 ml / 2 cucharaditas de polvo de hornear

Una pizca de sal

1 huevo batido

450 g / 1 lb / 22/3 tazas de frutas secas (mezcla para pastel de frutas)

Licuar la levadura con 5 ml / 1 cucharadita de azúcar y un poco de leche tibia y dejar en un lugar tibio durante 20 minutos hasta que esté espumoso. Frote la mantequilla o la margarina en la harina, el polvo de hornear y la sal hasta que la mezcla parezca pan rallado. Agregue el azúcar restante y haga un hueco en el centro. Mezcle la mezcla de levadura, la leche tibia restante y el huevo, luego trabaje en la fruta para hacer una masa bastante rígida. Forme tres moldes para pan (moldes) engrasados de 450 g / 1 lb y hornee en un horno precalentado a 150 ° C / 300 ° F / marca de gas 2 durante 2 horas hasta que se doren.

Bollos de Londres

Hace 10

50 g / 2 oz de levadura fresca o 30 ml / 2 cucharadas de levadura seca

75 g / 3 oz / 1/3 taza de azúcar morena suave

300 ml / ½ pt / 1¼ tazas de agua tibia

175 g / 6 oz / 1 taza de grosellas

25 g / 1 oz / 3 cucharadas de dátiles picados (sin hueso)

25 g / 1 oz / 3 cucharadas de cáscara mezclada (confitada) picada

25 g / 1 oz / 2 cucharadas de cerezas glaseadas (confitadas) picadas

45 ml / 3 cucharadas de jugo de naranja

450 g / 1 lb / 4 tazas de harina integral (integral)

2,5 ml / ½ cucharadita de sal

25 g / 1 oz / ¼ taza de leche en polvo (leche desnatada en polvo)

15 ml / 1 cucharada de especias molidas mezcladas (tarta de manzana)

5 ml / 1 cucharadita de canela molida

75 g / 3 oz / 1/3 taza de mantequilla o margarina

15 ml / 1 cucharada de cáscara de naranja rallada

1 huevo

15 ml / 1 cucharada de miel clara

30 ml / 2 cucharadas de almendras en copos (en rodajas)

Licúa la levadura con un poco de azúcar y un poco de agua tibia y déjala en un lugar tibio por 20 minutos hasta que esté espumosa. Remojar las grosellas, los dátiles, la cáscara mezclada y las cerezas en el jugo de naranja. Mezcle la harina, la sal, la leche en polvo y las especias. Frote la mantequilla o la margarina, luego agregue la cáscara de naranja y haga un hueco en el centro. Agregue la mezcla de levadura, el agua tibia restante y el huevo y mezcle hasta obtener una masa suave. Coloque en un recipiente engrasado, cubra con film transparente (envoltura de plástico) y déjelo en un lugar cálido durante 1 hora hasta que duplique su tamaño.

Forme la masa en 10 rollos y colóquelos en una bandeja para hornear engrasada (para galletas). Cubrir con film transparente aceitado y dejar en un lugar cálido durante 45 minutos. Hornee en un horno precalentado a 230 ° C / 450 ° F / marca de gas 8 durante 15 minutos hasta que esté bien subido. Pincelar con la miel, espolvorear con las almendras y dejar enfriar.

Pan de campo irlandés

Rinde una barra de 900 g / 2 lb

350 g / 12 oz / 3 tazas de harina integral (integral)

100 g / 4 oz / 1 taza de avena

100 g / 4 oz / 2/3 taza de pasas sultanas (pasas doradas)

15 ml / 1 cucharada de levadura en polvo

15 ml / 1 cucharada de azúcar en polvo (superfina)

5 ml / 1 cucharadita de bicarbonato de sodio (bicarbonato de sodio)

5 ml / 1 cucharadita de sal

10 ml / 2 cucharaditas de especias molidas mezcladas (tarta de manzana)

Corteza rallada de ½ limón

1 huevo batido

300 ml / ½ pt / 1¼ tazas de suero de leche o yogur natural

150 ml / ¼ pt / 2/3 taza de agua

Mezclar todos los ingredientes secos y la cáscara de limón y hacer un hueco en el centro. Batir el huevo, el suero de leche o el yogur y el agua. Mezclar con los ingredientes secos y trabajar hasta obtener una masa suave. Amasar sobre una superficie ligeramente enharinada, luego dar forma a un molde (molde) para pan engrasado de 900 g / 2 lb. Hornee en un horno precalentado a 200 ° C / 400 ° F / marca de gas 6 durante 1 hora hasta que esté bien subido y firme al tacto.

Pan de malta

Rinde una barra de 450 g / 1 lb

25 g / 1 oz / 2 cucharadas de mantequilla o margarina

225 g / 8 oz / 2 tazas de harina con levadura (levadura)

25 g / 1 oz / 2 cucharadas de azúcar morena suave

30 ml / 2 cucharadas de melaza negra (melaza)

20 ml / 4 cucharaditas de extracto de malta

150 ml / ¼ pt / 2/3 taza de leche

75 g / 3 oz / ½ taza de pasas sultanas (pasas doradas)

15 ml / 1 cucharada de azúcar en polvo (superfina)

30 ml / 2 cucharadas de agua

Frote la mantequilla o la margarina en la harina, luego agregue el azúcar morena. Caliente la melaza, el extracto de malta y la leche, luego mezcle con los ingredientes secos con las pasas y mezcle hasta obtener una masa. Convierta en un molde (molde) para pan engrasado de 450 g / 1 lb y hornee en un horno precalentado a 160 ° C / 325 ° F / marca de gas 3 durante 1 hora hasta que esté dorado. Lleve el azúcar y el agua a ebullición y hierva hasta que esté almibarado. Cepille la parte superior del pan y déjelo enfriar.

Pan de malta de salvado

Rinde una barra de 450 g / 1 lb

100 g / 4 oz / ½ taza de azúcar morena suave

225 g / 8 oz / 11/3 tazas de frutas secas mixtas (mezcla para pastel de frutas)

75 g / 3 oz de cereal All Bran

250 ml / 8 fl oz / 1 taza de leche

5 ml / 1 cucharadita de especias molidas mezcladas (tarta de manzana)

100 g / 4 oz / 1 taza de harina con levadura

Mezclar el azúcar, la fruta, todo el salvado, la leche y las especias y dejar reposar durante 1 hora. Agregue la harina y mezcle bien. Vierta en un molde (molde) para pan engrasado y forrado de 450 g / 1 lb y hornee en un horno precalentado a 180 ° C / 350 ° F / marca de gas 4 durante 1½ horas hasta que esté firme al tacto.

Pan de Malta Integral

Rinde una barra de 900 g / 2 lb

25 g / 1 oz / 2 cucharadas de mantequilla o margarina

30 ml / 2 cucharadas de melaza negra (melaza)

45 ml / 3 cucharadas de extracto de malta

150 ml / ¼ pt / 2/3 taza de leche

175 g / 6 oz / 1½ tazas de harina integral (integral)

75 g / 3 oz / ¾ taza de harina de avena

10 ml / 2 cucharaditas de polvo de hornear

100 g / 4 oz / 2/3 taza de pasas

Derretir la mantequilla o margarina, la melaza, el extracto de malta y la leche. Vierta en las harinas, el polvo de hornear y las pasas y mezcle hasta obtener una masa suave. Con una cuchara, coloque en un molde (molde) para pan engrasado de 900 g / 2 lb y nivele la superficie. Hornea en horno precalentado a 200 ° C / 400 ° F / marca de gas 6 durante 45 minutos hasta que una brocheta insertada en el centro salga limpia.

Pan de nueces de Freda

Rinde tres panes de 350 g / 12 oz

25 g / 1 oz de levadura fresca o 40 ml / 2½ cucharadas de levadura seca

10 ml / 2 cucharaditas de extracto de malta

375 ml / 13 fl oz / 1½ tazas de agua tibia

450 g / 1 lb / 4 tazas de harina integral (integral)

5 ml / 1 cucharadita de harina de soja

50 g / 2 oz / ½ taza de copos de avena

2,5 ml / ½ cucharadita de sal

25 g / 1 oz / 2 cucharadas de azúcar morena suave

15 ml / 1 cucharada de manteca de cerdo (manteca)

100 g / 4 oz / 1 taza de nueces mixtas picadas

175 g / 6 oz / 1 taza de grosellas

50 g / 2 oz / 1/3 taza de dátiles deshuesados (deshuesados), picados

50 g / 2 oz / 1/3 taza de pasas

2,5 ml / ½ cucharadita de canela molida

1 huevo batido

45 ml / 3 cucharadas de almendras en copos (en rodajas)

Licuar la levadura con el extracto de malta y un poco de agua tibia y dejar en un lugar tibio hasta que esté espumoso. Mezclar las harinas, la avena, la sal y el azúcar, untar con la manteca y hacer un hueco en el centro. Mezcle la mezcla de levadura y el agua tibia restante y amase hasta obtener una masa suave. Mezcle las nueces, las grosellas, los dátiles, las pasas y la canela. Amasar hasta que quede elástico y ya no esté pegajoso. Coloque la masa en un recipiente engrasado y cubra con film transparente aceitado (envoltura de plástico). Dejar en un lugar cálido durante 1 hora hasta que duplique su tamaño.

Amase la masa ligeramente, luego forme tres rondas y aplaste un poco, luego colóquela en una bandeja para hornear engrasada (para galletas). Cepille la parte superior con huevo batido y espolvoree con las almendras. Hornee en un horno precalentado a 230 ° C / 450 ° F / marca de gas 8 durante 35 minutos hasta que esté bien levantado y suene hueco cuando se golpee la base.

Pan de nueces de Brasil y dátiles

Rinde tres panes de 350 g / 12 oz

25 g / 1 oz de levadura fresca o 40 ml / 2½ cucharadas de levadura seca

10 ml / 2 cucharaditas de extracto de malta

375 ml / 13 fl oz / 1½ tazas de agua tibia

450 g / 1 lb / 4 tazas de harina integral (integral)

5 ml / 1 cucharadita de harina de soja

50 g / 2 oz / ½ taza de copos de avena

2,5 ml / ½ cucharadita de sal

25 g / 1 oz / 2 cucharadas de azúcar morena suave

15 ml / 1 cucharada de manteca de cerdo (manteca)

100 g / 4 oz / 1 taza de nueces de Brasil, picadas

250 g / 9 oz / 1½ taza de dátiles deshuesados (deshuesados), picados

2,5 ml / ½ cucharadita de canela molida

1 huevo batido

45 ml / 3 cucharadas de nueces de Brasil en rodajas

Licuar la levadura con el extracto de malta y un poco de agua tibia y dejar en un lugar tibio hasta que esté espumoso. Mezclar las harinas, la avena, la sal y el azúcar, untar con la manteca y hacer un hueco en el centro. Mezcle la mezcla de levadura y el agua tibia restante y amase hasta obtener una masa suave. Agrega las nueces, los dátiles y la canela. Amasar hasta que quede elástico y ya no esté pegajoso. Coloque la masa en un recipiente engrasado y cubra con film transparente aceitado (envoltura de plástico). Dejar en un lugar cálido durante 1 hora hasta que duplique su tamaño.

Amase la masa ligeramente, forme tres rondas y aplaste un poco, luego colóquela en una bandeja para hornear engrasada (para galletas). Cepille la parte superior con huevo batido y espolvoree con las nueces de Brasil en rodajas. Hornee en un horno precalentado a 230 ° C / 450 ° F / marca de gas 8 durante 35 minutos hasta que esté bien levantado y suene hueco cuando se golpee la base.

Pan de Frutas Panastán

Rinde tres panes de 175 g / 12 oz

25 g / 1 oz de levadura fresca o 40 ml / 2½ cucharadas de levadura seca

150 ml / ¼ pt / 2/3 taza de agua tibia

60 ml / 4 cucharadas de miel clara

5 ml / 1 cucharadita de extracto de malta

15 ml / 1 cucharada de semillas de girasol

15 ml / 1 cucharada de semillas de sésamo

25 g / 1 oz / ¼ taza de germen de trigo

450 g / 1 lb / 4 tazas de harina integral (integral)

5 ml / 1 cucharadita de sal

50 g / 2 oz / ¼ taza de mantequilla o margarina

175 g / 6 oz / 1 taza de pasas sultanas (pasas doradas)

25 g / 1 oz / 3 cucharadas de cáscara mezclada (confitada) picada

1 huevo batido

Licuar la levadura con un poco de agua tibia y 5 ml / 1 cucharadita de miel y dejar en un lugar cálido durante 20 minutos hasta que esté espumosa. Mezcle la miel restante y el extracto de malta en el agua tibia restante. Tostar las semillas de girasol y sésamo y el germen de trigo en una sartén seca, agitando hasta que se doren. Colocar en un bol con la harina y la sal y untar con la mantequilla o margarina. Agregue las pasas y las cáscaras mezcladas y haga un hueco en el centro. Agregue la mezcla de levadura, la mezcla de agua y el huevo y amase hasta obtener una masa suave. Coloque en un recipiente engrasado, cubra con film transparente aceitado (envoltura de plástico) y déjelo en un lugar cálido durante 1 hora hasta que duplique su tamaño.

Amase ligeramente, luego forme tres panes y colóquelos en una bandeja para hornear engrasada (para galletas) o en moldes para hornear engrasados (sartenes). Cubrir con film transparente aceitado y dejar en un lugar cálido durante 20 minutos. Hornee en un horno precalentado a 230 ° C / 450 ° F / marca de gas 8 durante 40 minutos hasta que se doren y suenen huecos al golpear la base.

Pan de calabaza

Rinde dos panes de 450 g / 1 lb

350 g / 12 oz / 1½ tazas de azúcar en polvo (superfina)

120 ml / 4 fl oz / ½ taza de aceite

2,5 ml / ½ cucharadita de nuez moscada rallada

5 ml / 1 cucharadita de canela molida

5 ml / 1 cucharadita de sal

2 huevos batidos

225 g / 8 oz / 1 taza de calabaza cocida y triturada

60 ml / 4 cucharadas de agua

2,5 ml / ½ cucharadita de bicarbonato de sodio (bicarbonato de sodio)

1,5 ml / ¼ de cucharadita de polvo de hornear

175 g / 6 oz / 1½ tazas de harina común (para todo uso)

Mezclar el azúcar, el aceite, la nuez moscada, la canela, la sal y los huevos y batir bien. Agregue los ingredientes restantes y mezcle hasta obtener una masa suave. Verter en dos moldes (sartenes) de pan engrasados de 450 g / 1 lb y hornear en un horno precalentado a 180 ° C / 350 ° F / marca de gas 4 durante 1 hora hasta que una brocheta insertada en el centro salga limpia.

Pan de pasas

Rinde dos panes de 450 g / 1 lb

15 ml / 1 cucharada de levadura seca

120 ml / 4 fl oz / ½ taza de agua tibia

250 ml / 8 fl oz / 1 taza de leche tibia

60 ml / 4 cucharadas de aceite

50 g / 2 oz / ¼ taza de azúcar

1 huevo batido

10 ml / 2 cucharaditas de canela molida

5 ml / 1 cucharadita de sal

225 g / 8 oz / 11/3 tazas de pasas, remojadas en agua fría durante la noche

550 g / 1¼ lb / 5 tazas de harina común (para pan) fuerte

Disuelva la levadura en el agua tibia y déjela hasta que esté espumosa. Mezcle la leche, el aceite, el azúcar, el huevo, la canela y la sal. Escurre las pasas y revuélvelas con la mezcla. Incorpora la mezcla de levadura. Trabaje gradualmente en la harina y mezcle hasta obtener una masa firme. Coloque en un recipiente engrasado y cubra con film transparente engrasado (envoltura de plástico). Déjelo en un lugar cálido durante aproximadamente 1 hora para que suba hasta que duplique su tamaño.

Vuelva a amasar y forme dos moldes para pan (moldes) engrasados de 450 g / 1 lb. Cubrir con film transparente engrasado y dejar en un lugar cálido nuevamente hasta que la masa se eleve por encima de las latas. Hornee en un horno precalentado a 150 ° C / 300 ° F / marca de gas 2 durante 1 hora hasta que esté dorado.

Remojo de pasas

Rinde dos panes de 450 g / l lb

450 g / 1 lb / 4 tazas de harina común (para todo uso)

2,5 ml / ½ cucharadita de sal

5 ml / 1 cucharadita de especias molidas mezcladas (tarta de manzana)

225 g / 8 oz / 11/3 tazas de pasas, picadas

10 ml / 2 cucharaditas de bicarbonato de sodio (bicarbonato de sodio)

100 g / 4 oz / ½ taza de mantequilla o margarina, derretida

225 g / 8 oz / 1 taza de azúcar en polvo (superfina)

450 ml / ¾ pt / 2 tazas de leche

15 ml / 1 cucharada de jugo de limón

30 ml / 2 cucharadas de mermelada de albaricoque (conserva), tamizada (colada)

Mezcle la harina, la sal, la mezcla de especias y las pasas. Revuelva el bicarbonato de sodio en la mantequilla derretida hasta que se mezcle, luego mezcle todos los ingredientes hasta que estén bien mezclados. Tapar y dejar reposar durante la noche.

Colocar la mezcla en dos moldes (moldes) de pan (moldes) engrasados y forrados de 450 g / 1 lb y hornear en un horno precalentado a 180 ° C / 350 ° F / marca de gas 4 durante 1 hora hasta que un pincho insertado en el centro salga limpio.

Pan de ruibarbo y dátil

Rinde una barra de 900 g / 2 lb

225 g / 8 oz de ruibarbo, picado

50 g / 2 oz / ¼ taza de mantequilla o margarina

225 g / 8 oz / 2 tazas de harina común (para todo uso)

15 ml / 1 cucharada de levadura en polvo

175 g / 6 oz / 1 taza de dátiles, deshuesados (sin hueso) y finamente picados

1 huevo batido

60 ml / 4 cucharadas de leche

Lave el ruibarbo y cocine a fuego lento solo con el agua adherida a los trozos hasta obtener un puré. Frote la mantequilla o margarina en la harina y el polvo de hornear hasta que la mezcla se asemeje a pan rallado. Agregue el ruibarbo, los dátiles, el huevo y la leche y mezcle bien. Vierta en un molde (molde) para pan engrasado y forrado de 900 g / 2 lb y hornee en un horno precalentado a 190 ° C / 375 ° F / marca de gas 5 durante 1 hora hasta que esté firme al tacto.

Pan de arroz

Rinde una barra de 900 g / 2 lb

75 g / 3 oz / 1/3 taza de arborio u otro arroz de grano mediano

500 ml / 17 fl oz / 2½ tazas de agua tibia

15 g / ½ oz de levadura fresca o 20 ml / 4 cucharaditas de levadura seca

30 ml / 2 cucharadas de agua tibia

550 g / 1½ lb / 6 tazas de harina común (para pan) fuerte

15 ml / 1 cucharada de sal

Poner el arroz y la mitad del agua tibia en una olla, llevar a ebullición, tapar y hervir a fuego lento durante unos 25 minutos hasta que el arroz haya absorbido todo el líquido y aparezcan agujeros de burbujas en la superficie.

Mientras tanto, mezcle la levadura con el agua tibia. Cuando el arroz esté cocido, agregue la harina, la sal, la mezcla de levadura y el agua tibia restante y mezcle hasta obtener una masa húmeda. Cubra con film transparente aceitado (envoltura de plástico) y déjelo en un lugar cálido durante aproximadamente 1 hora hasta que duplique su tamaño.

Amasar la masa sobre una superficie enharinada, luego dar forma a un molde (molde) para pan engrasado de 900 g / 2 lb. Cubrir con film transparente aceitado y dejar en un lugar cálido hasta que la masa se eleve por encima de la parte superior de la lata. Hornee en un horno precalentado a 230 ° C / 450 ° F / marca de gas 8 durante 15 minutos, luego reduzca la temperatura del horno a 200 ° C / 400 ° F / marca de gas 6 y hornee por 15 minutos más. Retirar del molde y volver al horno durante 15 minutos más hasta que estén crujientes y dorados.

Pan de Arroz y Té de Nueces

Rinde dos panes de 900 g / 2 lb

100 g / 4 oz / ½ taza de arroz de grano largo

300 ml / ½ pt / 1¼ tazas de jugo de naranja

400 g / 14 oz / 1¾ tazas de azúcar en polvo (superfina)

2 huevos batidos

50 g / 2 oz / ¼ taza de mantequilla o margarina, derretida

Corteza rallada y jugo de 1 naranja

225 g / 8 oz / 2 tazas de harina común (para todo uso)

175 g / 6 oz / 1½ tazas de harina integral (integral)

10 ml / 2 cucharaditas de polvo de hornear

5 ml / 1 cucharadita de bicarbonato de sodio (bicarbonato de sodio)

5 ml / 1 cucharadita de sal

50 g / 2 oz / ½ taza de nueces, picadas

50 g / 2 oz / 1/3 taza de pasas sultanas (pasas doradas)

50 g / 2 oz / 1/3 taza de azúcar glas (de repostería), tamizada

Cuece el arroz en abundante agua hirviendo con sal durante unos 15 minutos hasta que esté tierno, luego escurre, enjuaga con agua fría y vuelve a escurrir. Mezcle el jugo de naranja, el azúcar, los huevos, la mantequilla derretida o la margarina y todo menos 2,5 ml / ½ cucharadita de cáscara de naranja; reserve el resto y el jugo para el glaseado. Mezcle las harinas, el polvo de hornear, el bicarbonato de sodio y la sal e incorpore la mezcla de azúcar. Incorpora el arroz, las nueces y las pasas sultanas. Coloque la mezcla en dos moldes para pan engrasados de 900 g / 2 lb y hornee en un horno precalentado a 180 ° C / 350 ° F / marca de gas 4 durante 1 hora hasta que una brocheta insertada en el centro salga limpia. Deje enfriar en las latas durante 10 minutos, luego colóquelo en una rejilla para terminar de enfriar.

Licúa el azúcar glas con la cáscara de naranja reservada y suficiente jugo para hacer una pasta suave y espesa. Rocíe las hogazas y déjelas reposar. Sirva en rodajas y untado con mantequilla.

Rollos de azúcar rizados

Hace alrededor de 10

50 g / 2 oz de levadura fresca o 75 ml / 5 cucharadas de levadura seca

75 g / 3 oz / 1/3 taza de azúcar morena suave

300 ml / ½ pt / 1¼ tazas de agua tibia

175 g / 6 oz / 1 taza de grosellas

25 g / 1 oz / 3 cucharadas de dátiles deshuesados (sin hueso), picados

45 ml / 3 cucharadas de jugo de naranja

450 g / 1 lb / 4 tazas de harina integral (integral)

2,5 ml / ½ cucharadita de sal

25 g / 1 oz / ¼ taza de leche en polvo (leche desnatada en polvo)

15 ml / 1 cucharada de especias molidas mezcladas (tarta de manzana)

75 g / 3 oz / 1/3 taza de mantequilla o margarina

15 ml / 1 cucharada de cáscara de naranja rallada

1 huevo

Para el llenado:
30 ml / 2 cucharadas de aceite

75 g / 3 oz / 1/3 taza de azúcar demerara

Para el glaseado:

15 ml / 1 cucharada de miel clara

30 ml / 2 cucharadas de nueces picadas

Licuar la levadura con un poco de azúcar moreno suave y un poco de agua tibia y dejar en un lugar tibio durante 20 minutos hasta que esté espumoso. Remojar las grosellas y los dátiles en el jugo de naranja. Mezcle la harina, la sal, la leche en polvo y la mezcla de especias. Frote la mantequilla o la margarina, luego agregue la cáscara de naranja y haga un hueco en el centro. Agregue la mezcla de levadura, el agua tibia restante y el huevo y mezcle hasta obtener una masa suave. Coloque en un recipiente engrasado, cubra con film transparente aceitado (envoltura de plástico) y déjelo en un lugar cálido durante 1 hora hasta que duplique su tamaño.

Extienda la masa sobre una superficie ligeramente enharinada hasta formar un rectángulo grande. Pincelar con aceite y espolvorear con azúcar demerara. Enrolle como un rollo suizo (gelatina) y córtelo en unas diez rodajas de 2,5 cm / 1. Colocar en una bandeja para hornear engrasada (para galletas) a una distancia de aproximadamente 1 cm / ½ pulgada, cubrir con film transparente aceitado y dejar en un lugar cálido durante 40 minutos. Hornee en un horno precalentado a 230 ° C / 450 ° F / marca de gas 8 durante 15 minutos hasta que esté bien subido. Pincelar con miel, espolvorear con nueces y dejar enfriar.

Selkirk Bannock

Rinde una barra de 450 g / 1 lb

Para la masa:

225 g / 8 oz / 2 tazas de harina común (para todo uso)

Una pizca de sal

50 g / 2 oz / ¼ taza de manteca de cerdo (manteca)

150 ml / ¼ pt / 2/3 taza de leche

15 g / ½ oz de levadura fresca o 20 ml / 4 cucharaditas de levadura seca

50 g / 2 oz / ¼ taza de azúcar en polvo (superfina)

100 g / 4 oz / 2/3 taza de pasas sultanas (pasas doradas)

Para el glaseado:

25 g / 1 oz / 2 cucharadas de azúcar en polvo (superfina)

30 ml / 2 cucharadas de agua

Para hacer la masa, mezcla la harina y la sal. Derretir la manteca de cerdo, agregar la leche y calentar la sangre. Vierta sobre la levadura y agregue 5 ml / 1 cucharadita de azúcar. Déjelo por unos 20 minutos hasta que esté espumoso. Haga un hueco en el centro de la harina y vierta la mezcla de levadura. Incorporar poco a poco la harina y amasar durante 5 minutos. Cubra y coloque en un lugar cálido durante 1 hora para que suba. Pasar a una superficie de trabajo enharinada y añadir las pasas y el azúcar restante. Forme una ronda grande y colóquela en una bandeja para hornear engrasada (para galletas). Cubra con film transparente aceitado (film transparente) y déjelo en un lugar cálido hasta que duplique su tamaño. Hornee en horno precalentado a 220 ° C / 425 ° F / marca de gas 7 durante 15 minutos. Reduzca la temperatura del horno a 190 ° C / 375 ° F / marca de gas 5 y hornee por 25 minutos más. Retirar del horno.

Pan de Sultana y Algarroba

Rinde una barra de 900 g / 2 lb

150 g / 5 oz / 1¼ tazas de harina integral (integral)

15 ml / 1 cucharada de levadura en polvo

25 g / 1 oz / ¼ taza de algarroba en polvo

50 g / 2 oz / ½ taza de avena

50 g / 2 oz / ¼ taza de mantequilla o margarina, ablandada

175 g / 6 oz / 1 taza de pasas sultanas (pasas doradas)

2 huevos batidos

150 ml / ¼ pt / 2/3 taza de leche

60 ml / 4 cucharadas de aceite

Mezcle los ingredientes secos. Frote la mantequilla o la margarina, luego agregue las pasas sultanas. Batir los huevos, la leche y el aceite, luego mezclar con la mezcla de harina para hacer una masa suave. Forme un molde (molde) para pan engrasado de 900 g / 2 lb y hornee en un horno precalentado a 180 ° C / 350 ° F / marca de gas 4 durante 1 hora hasta que esté firme al tacto.

Sultana y pan de naranja

Rinde dos panes de 450 g / 1 lb

Para la masa:

450 g / 1 lb / 4 tazas de harina integral (integral)

20 ml / 4 cucharaditas de polvo de hornear

75 g / 3 oz / 1/3 taza de azúcar morena suave

5 ml / 1 cucharadita de sal

2,5 ml / ½ cucharadita de macis molida

75 g / 3 oz / 1/3 taza de grasa vegetal (manteca)

3 claras de huevo

300 ml / ½ pt / 1¼ tazas de leche

Para el llenado:

175 g / 6 oz / 1½ tazas de migas de pastel integrales (de trigo integral)

50 g / 2 oz / ½ taza de almendras molidas

50 g / 2 oz / ¼ taza de azúcar morena suave

100 g / 4 oz / 2/3 taza de pasas sultanas (pasas doradas)

30 ml / 2 cucharadas de jugo de naranja

1 huevo, ligeramente batido

Para el glaseado:

15 ml / 1 cucharada de miel

Para hacer la masa, mezcle los ingredientes secos y frote la grasa. Mezcle las claras de huevo y la leche y mezcle con la mezcla hasta obtener una masa suave y flexible. Combine los ingredientes del relleno, usando solo lo suficiente de huevo para obtener una consistencia para untar. Extienda la masa sobre una superficie ligeramente enharinada a un rectángulo de 20 x 30 cm / 8 x 10 en. Extienda el relleno sobre todo menos los 2,5 cm superiores a lo largo del borde largo. Enrolle desde el borde opuesto, como un rollo suizo (gelatina), y humedezca la tira simple de masa para sellar. Humedezca cada extremo y forme el rollo en un círculo, sellando los extremos juntos. Con unas tijeras afiladas, haga pequeños cortes alrededor de la parte superior para decorar. Coloque en una bandeja para hornear engrasada (para galletas) y cepille con el huevo restante. Dejar reposar 15 minutos.

Hornee en un horno precalentado a 230 ° C / 450 ° F / marca de gas 8 durante 25 minutos hasta que se doren. Pincelar con miel y dejar enfriar.

Pan de Sultana y Jerez

Rinde una barra de 900 g / 2 lb

225 g / 8 oz / 1 taza de mantequilla o margarina sin sal (dulce), ablandada

225 g / 8 oz / 1 taza de azúcar morena suave

4 huevos

45 ml / 3 cucharadas de jerez dulce

5 ml / 1 cucharadita de esencia de vainilla (extracto)

200 g / 7 oz / 1¾ tazas de harina común (para todo uso)

Una pizca de sal

75 g / 3 oz / ½ taza de pasas sultanas (pasas doradas)

50 g / 2 oz / 1/3 taza de dátiles deshuesados (deshuesados), picados

50 g / 2 oz / 1/3 taza de higos secos, cortados en cubitos

50 g / 2 oz / ½ taza de cáscara mezclada (confitada) picada

Batir la mantequilla o margarina y el azúcar hasta que esté suave y esponjoso. Agrega poco a poco los huevos, luego el jerez y la esencia de vainilla. Mezclar la harina y la sal con la fruta, luego incorporar a la mezcla y mezclar bien. Vierta en un molde (molde) para pan engrasado y enharinado de 900 g / 2 lb y hornee en un horno precalentado a 180 ° C / 350 ° F / marca de gas 4 durante 1 hora. Deje enfriar en la lata durante 10 minutos, luego colóquelo en una rejilla para terminar de enfriar.

Pan de té de cabaña

Rinde dos panes de 450 g / 1 lb

Para la masa:

25 g / 1 oz de levadura fresca o 40 ml / 2½ cucharadas de levadura seca

15 ml / 1 cucharada de azúcar morena suave

300 ml / ½ pt / 1¼ tazas de agua tibia

15 ml / 1 cucharada de mantequilla o margarina

450 g / 1 lb / 4 tazas de harina integral (integral)

15 ml / 1 cucharada de leche en polvo (leche desnatada en polvo)

5 ml / 1 cucharadita de especias molidas mezcladas (tarta de manzana)

2,5 ml / ½ cucharadita de sal

1 huevo

175 g / 6 oz / 1 taza de grosellas

100 g / 4 oz / 2/3 taza de pasas sultanas (pasas doradas)

50 g / 2 oz / 1/3 taza de pasas

50 g / 2 oz / 1/3 taza de cáscara mezclada (confitada) picada

Para el glaseado:

15 ml / 1 cucharada de jugo de limón

15 ml / 1 cucharada de agua

Una pizca de especias molidas mezcladas (tarta de manzana)

Para hacer la masa, licúa la levadura con el azúcar con un poco de agua tibia y déjala en un lugar tibio por 10 minutos hasta que esté espumosa. Frote la mantequilla o la margarina en la harina, luego agregue la leche en polvo, la mezcla de especias y sal y haga un hueco en el centro. Agregue el huevo, la mezcla de levadura y el agua tibia restante y mezcle hasta formar una masa. Amasar hasta que esté suave y elástica. Trabajar en las grosellas, pasas, pasas y cáscaras mixtas. Coloque en un recipiente engrasado, cubra con film transparente engrasado (envoltura de plástico) y déjelo en un lugar cálido durante 45 minutos. Forme dos moldes para pan (moldes) engrasados de 450 g / 1 lb. Cubrir con film transparente aceitado y dejar en un lugar cálido durante 15 minutos. Hornee en horno precalentado a 220 ° C / 425 ° F / marca de gas 7 durante 30 minutos hasta que esté dorado. Retirar de la lata. Mezcle los ingredientes del glaseado y cepille sobre los panes calientes, luego déjelos enfriar.

Tortas De Té

Rinde 6

15 g / ½ oz de levadura fresca o 20 ml / 4 cucharaditas de levadura seca

300 ml / ½ pt / 1¼ tazas de leche tibia

25 g / 1 oz / 2 cucharadas de azúcar en polvo (superfina)

25 g / 1 oz / 2 cucharadas de mantequilla o margarina

450 g / 1 lb / 4 tazas de harina común (para todo uso)

5 ml / 1 cucharadita de sal

50 g / 2 oz / 1/3 taza de pasas sultanas (pasas doradas)

Licuar la levadura con la leche tibia y un poco de azúcar y dejar en un lugar tibio hasta que esté espumoso. Frote la mantequilla o margarina en la harina y la sal, luego agregue el azúcar restante y las pasas. Agregue la mezcla de levadura y mezcle hasta obtener una masa suave. Coloque sobre una superficie ligeramente enharinada y amase hasta que quede suave. Coloque en un recipiente engrasado, cubra con film transparente aceitado (envoltura de plástico) y déjelo en un lugar cálido hasta que duplique su tamaño. Amasar la masa nuevamente, luego dividir en seis piezas y hacer una bola con cada una. Aplanar ligeramente sobre una bandeja para hornear engrasada (para galletas), cubrir con film transparente engrasado y dejar en un lugar cálido nuevamente hasta que duplique su tamaño. Hornee en un horno precalentado a 200 ° C / 400 ° F / marca de gas 6 durante 20 minutos.

Pan de nuez

Rinde una barra de 900 g / 2 lb

350 g / 12 oz / 3 tazas de harina común (para todo uso)

15 ml / 1 cucharada de levadura en polvo

225 g / 8 oz / 1 taza de azúcar morena suave

5 ml / 1 cucharadita de sal

1 huevo, ligeramente batido

50 g / 2 oz / ¼ taza de manteca de cerdo (manteca vegetal), derretida

375 ml / 13 fl oz / 1½ tazas de leche

5 ml / 1 cucharadita de esencia de vainilla (extracto)

175 g / 6 oz / 1½ tazas de nueces, picadas

Mezclar la harina, el polvo de hornear, el azúcar y la sal y hacer un hueco en el centro. Agregue el huevo, la manteca, la leche y la esencia de vainilla, luego agregue las nueces. Vierta con una cuchara en un molde (molde) para pan engrasado de 900 g / 2 lb y hornee en un horno precalentado a 180 ° C / 350 ° F / marca de gas 4 durante aproximadamente 1¼ horas hasta que esté bien levantado y dorado.

Pan de nueces y azúcar

Rinde una barra de 900 g / 2 lb

Para la masa:

350 g / 12 oz / 3 tazas de harina común (para todo uso)

15 ml / 1 cucharada de levadura en polvo

225 g / 8 oz / 1 taza de azúcar morena suave

5 ml / 1 cucharadita de sal

1 huevo, ligeramente batido

50 g / 2 oz / ¼ taza de manteca de cerdo (manteca vegetal), derretida

375 ml / 13 fl oz / 1½ tazas de leche

5 ml / 1 cucharadita de esencia de vainilla (extracto)

175 g / 6 oz / 1½ tazas de nueces, picadas

Para el llenado:

15 ml / 1 cucharada de harina común (para todo uso)

50 g / 2 oz / ¼ taza de azúcar morena suave

5 ml / 1 cucharadita de canela molida

15 ml / 1 cucharada de mantequilla derretida

Para hacer la masa, mezcle la harina, el polvo de hornear, el azúcar y la sal y haga un hueco en el centro. Agregue el huevo, la manteca, la leche y la esencia de vainilla, luego agregue las nueces. Vierta la mitad de la mezcla en un molde (molde) para pan engrasado de 900 g / 2 lb. Mezcle los ingredientes del relleno y vierta la mezcla sobre la masa. Vierta la masa restante y hornee en un horno precalentado a 180 ° C / 350 ° F / marca de gas 4 durante aproximadamente 1¼ horas hasta que esté bien levantado y dorado.

Pan de Nuez y Naranja

Rinde una barra de 900 g / 2 lb

350 g / 12 oz / 3 tazas de harina común (para todo uso)

15 ml / 1 cucharada de levadura en polvo

225 g / 8 oz / 1 taza de azúcar morena suave

5 ml / 1 cucharadita de sal

1 huevo, ligeramente batido

5 ml / 1 cucharadita de cáscara de naranja rallada

50 g / 2 oz / ¼ taza de manteca de cerdo (manteca vegetal), derretida

375 ml / 13 fl oz / 1½ tazas de leche

5 ml / 1 cucharadita de esencia de vainilla (extracto)

175 g / 6 oz / 1½ tazas de nueces, picadas

50 g / 2 oz / 1/3 taza de cáscara mezclada (confitada) picada

Mezclar la harina, el polvo de hornear, el azúcar y la sal y hacer un hueco en el centro. Agregue el huevo, la cáscara de naranja, la manteca de cerdo, la leche y la esencia de vainilla, luego agregue las nueces y la cáscara mezclada. Vierta con una cuchara en un molde (molde) para pan engrasado de 900 g / 2 lb y hornee en un horno precalentado a 180 ° C / 350 ° F / marca de gas 4 durante aproximadamente 1¼ horas hasta que esté bien levantado y dorado.